**artes
do corpo,**

**corpos
da arte**

artes do corpo,

corpos da arte

Jacinto Lageira
Pedro Hussak
Rodrigo Duarte
(Orgs.)

© Relicário Edições
© Autores

CIP –Brasil Catalogação-na-Fonte | Sindicato Nacional dos Editores de Livro, RJ

A786

Artes do corpo, corpos da arte / organizado por Jacinto Lageira, Pedro Hussak, Rodrigo Duarte. - Belo Horizonte, MG : Relicário, 2020.

180 p. : il. ; 15,5cm x 22,5cm.

Inclui índice e bibliografia.

ISBN: 978-65-86279-08-5

1. Arte. 2. Estética da arte. 3. Filosofia da arte. 4. Artes – Crítica e interpretação. I. Lageira, Jacinto. II. Hussak, Pedro. III. Duarte, Rodrigo. IV. Título.

CDD 701

2020-1391   CDU 7.01

CONSELHO EDITORIAL
Eduardo Horta Nassif Veras (UFTM)
Ernani Chaves (UFPA)
Guilherme Paoliello (UFOP)
Gustavo Silveira Ribeiro (UFMG)
Luiz Rohden (UNISINOS)
Marco Aurélio Werle (USP)
Markus Schäffauer (Universität Hamburg)
Patrícia Lavelle (PUC-RIO)
Pedro Süssekind (UFF)
Ricardo Barbosa (UERJ)
Romero Freitas (UFOP)
Virgínia Figueiredo (UFMG)

COORDENAÇÃO EDITORIAL Maíra Nassif Passos
PROJETO GRÁFICO, CAPA & DIAGRAMAÇÃO Ana C. Bahia
REVISÃO Lucas Morais e Laura Torres

RELICÁRIO EDIÇÕES
Rua Machado, 155, casa 1, Colégio Batista | Belo Horizonte, MG, 31110-080
relicarioedicoes.com | contato@relicarioedicoes.com

APRESENTAÇÃO   7

DIMENSÕES ESTÉTICAS DA CORPOREIDADE

Dar voz ao corpo: Espinosa e a dança
Cíntia Vieira da Silva   15

O corpo do artista em movimento: caminhar, escrever
Olivier Schefer   31

Da economia cenobítica à "Partilha do sensível":
para uma arqueologia da estética de Jacques Rancière
Rodrigo Duarte   41

Algo impossível: artes ou corpo(s)
Kathia Hanza   53

A ESTÉTICA DO CORPÓREO NA FRONTEIRA DO HUMANO

Uma vertigem lenta da matéria:
por uma estética materialista pós-antrópica
Paula Fleisner   71

A contingência dos crustáceos:
uma metáfora sartriana do corpo
Gilles Tiberghien   103

Deriva
Eduardo Oliveira   117

BENJAMIN PÉRET E A CORPOREIDADE NAS CULTURAS ANCESTRAIS

Reencantar o mundo: algumas notas sobre Péret e o Brasil
Pedro Hussak   131

A poética de Benjamin Péret: da revolta absoluta
ao amor sublime
Martha D'Angelo   147

A crise do objeto por Benjamin Péret:
entre o surrealismo e a etnografia
Letícia Pumar   165

SOBRE OS AUTORES   175

Apresentação

É provável que uma das explicações mais plausíveis para que o pensamento ocidental tenha vindo a estabelecer a estética como uma disciplina filosófica apenas no século XVIII seja o fato de que as reflexões sobre o que hoje chamamos "arte", desde Platão e Plotino na Antiguidade, passando por Agostinho e outros pensadores medievais, até a Idade Moderna europeia, foram impregnadas pela noção de que existe uma beleza incorpórea e ideal, a qual, por definição, é mais fundamental – e superior – do que todas as manifestações sensíveis, portanto, corporificadas em objetos ou perpassadas por evidente teor de materialidade, tal como é o caso das obras de arte.

Por outro lado, o fato de que o termo "artes do corpo", o qual compõe o título deste livro, não cause atualmente nenhum escândalo pode ser explicado, em parte, pela existência certamente multimilenar de *métiers* artísticos nos quais o emprego do corpo é mais imediatamente perceptível, tais como a dança, o teatro e outras artes performáticas. Além disso, cumpre observar que, desde a propositura da estética como parte integrante da filosofia ocidental, pelo racionalista Alexander Baumgarten, passando pelo Empirismo Britânico, pelo Iluminismo Francês e pelo Idealismo Alemão, até chegarmos na filosofia europeia contemporânea, travaram-se duras batalhas teóricas para que a corporeidade fosse reconhecida como aspecto fundamental para toda e qualquer reflexão filosófica séria sobre as artes e as culturas.

Desse modo, mesmo num cenário cultural em que a desmaterialização das manifestações estéticas é reconhecida tanto como possibilidade criativa quanto como uma realidade inquestionável, nunca pareceu tão evidente a qualquer pessoa que se ocupe seriamente da prática e/ou da reflexão da arte que essa tem a sua constituição inextrincavelmente ligada ao elemento corpóreo. Nesse sentido, seria cabível até mesmo perguntar: qual seria a relevância de se empreender esforços para prosseguir, no século XXI, com uma discussão que esteve tão bem encaminhada, a partir do início do século XX, com as contribuições da Fenomenologia, do Neo-Marxismo, da Hermenêutica, do Pós-Estruturalismo, do Pragmatismo (e do Neo-Pragmatismo) e até mesmo da Filosofia Analítica da Linguagem?

A resposta a essa pergunta é que territórios aparentemente conquistados de modo definitivo muitas vezes revelam-se mais vulneráveis do que se acreditava. Tal é o caso da corporeidade nas artes e, infelizmente, também fora delas. De fato, a onda de neoconservadorismo que tem se alastrado pelo mundo na última década, a qual se manifesta no Brasil de modo catastrófico, atingiu em cheio o tema dos usos que pessoas podem fazer dos próprios corpos e infiltrou-se até mesmo nos meios culturais e intelectuais. Uma vez que isso tem consequências não apenas morais e econômicas, mas também estéticas e políticas, faz-se mister retomar a discussão sobre o corpo nas artes, e essa foi a principal motivação para organizar o "Congresso Internacional Artes do Corpo, Corpos da Arte", que se realizou em Ouro Preto de 22 a 25 de outubro de 2019, com mais de duzentas contribuições, apresentadas por pesquisadores brasileiros, franceses, argentinos, peruanos e colombianos, oriundos das áreas de filosofia e das ciências humanas, das artes e das ciências sociais aplicadas, entre outras. Este livro consiste numa primeira publicação do material apresentado no congresso, que será oportunamente publicado também em dossiê em um dos próximos números da Revista *Artefilosofia*, do Programa de Pós-Graduação em Filosofia da Universidade Federal de Ouro Preto (UFOP), e em um volume de anais (em publicação eletrônica) a cargo da Associação Brasileira de Estética (ABRE), ambos coorganizadores do congresso, juntamente com o Programa de Pós-Graduação em Filosofia da Universidade Federal de Minas Gerais (UFMG).

Optamos por agrupar os textos aqui presentes em três partes, sendo que a primeira, denominada "Dimensões estéticas da corporeidade", congrega as contribuições que abordam o tema do corpo de modo mais genérico, a partir de autores ou de perspectivas artísticas específicas. Essa seção se abre com o texto "Dar voz ao corpo: Espinosa e a dança", no qual Cíntia Vieira da Silva aborda as relações entre a dança e a fala, tendo como pano de fundo a *Ética* de Espinosa. Em "O corpo do artista em movimento: caminhar, escrever", Olivier Schefer vale-se de pensadores franceses como Rousseau, Baudelaire, Valéry, Merleau-Ponty e Deleuze, entre outros, para mostrar que a arte pressupõe a movimentação do corpo do seu criador, até mesmo num sentido literal, como exemplificado pela obra do artista performático Jean-Christophe Norman. No seu texto "Da economia cenobítica à *Partilha do sensível*: para uma arqueologia da estética de Jacques Rancière", Rodrigo Duarte mostra que a pesquisa realizada por esse filósofo francês contemporâneo sobre as relações entre o trabalho corporal e o intelectual na ótica de militantes operários de meados do século XIX foi um pressuposto imprescindível para o estabelecimento de sua estética a partir dos anos 2000. Encerrando essa seção do livro, Kathia Hanza, com o seu texto "Algo impossível: Artes ou Corpo(s)" indica, valendo-se de autores franceses e alemães contemporâneos (Nietzsche, Burckhardt, Heidegger, Jähning, Valéry, Merleau-Ponty e Didi-Huberman, entre outros), que, assim como é impossível conceber arte sem corpo, o é igualmente pensar num corpo sem arte.

A segunda seção do livro, "A estética do corpóreo na fronteira do humano", reúne contribuições que objetivam relativizar o ponto de vista antropocêntrico que tem caracterizado o pensamento ocidental apontando tanto para a possibilidade de pontos de vista extra-humanos quanto da animalidade nos próprios seres humanos. Desse modo, Paula Fleisner, no seu texto "Uma vertigem lenta da matéria: por uma estética materialista pós-antrópica", lança mão – diretamente ou por meio de interpretações e apropriações contemporâneas – do perspectivismo nietzscheano no sentido de investigar o que seria um ponto de vista a partir do mundo extra-humano, animal ou mesmo vegetal, sobre uma suposta normalidade da vida humana, tendo como inspiração a proposta artístico-curatorial de Cláudia Fontes na 33ª Bienal de Arte de São Paulo, denominada *Slow Bird*. Na sequência, Gilles Tiberghien recupera, no seu texto "A contingência dos crustáceos: uma metáfora sartriana do corpo", a turbulenta atitude de Jean-Paul Sartre diante dos crustáceos, mostrando, com maestria, em que medida esses se constituem numa simbologia do corpo humano, abordado de um ponto de vista fenomenológico-existencial. Essa seção encerra-se com a contribuição de Eduardo Oliveira, intitulada "Deriva". Nela, o autor vale-se de contribuições de Glissant, Bidima, Fornet-Betancourt e Greimas, entre outros, para apontar caminhos alternativos ao pensamento racionalista e restritivo do Ocidente, sendo que a narrativa sobre a divindade primordial do panteão iorubano *Oxaguiã* apresenta-se como corporificação dessa alternativa.

Se essa alternativa significa um tipo de confluência entre as visões de mundo europeia, ancestral autóctone e afro-brasileira, a terceira e última seção do livro, "Benjamin Péret e a corporeidade nas culturas ancestrais" aponta o poeta e intelectual surrealista francês como uma figura-chave na construção de um ponto de vista questionador do racionalismo ocidental e totalmente receptivo às contribuições das culturas não-europeias, nas quais a corporeidade desempenha um papel que o Ocidente não hesitou em recalcar e reprimir. Nesse sentido, a contribuição de Pedro Hussak, "Reencantar o mundo: algumas notas sobre Péret e o Brasil" apresenta tópicos fundamentais da produção desse autor sobre o pano de fundo de uma reflexão sobre os aspectos nefastos que o *desencantamento do mundo*, identificado por Max Weber e criticado por Adorno & Horkheimer como característico da racionalidade ocidental, trouxe para a concepção de uma humanidade realmente emancipada. Na sequência, Martha D'Angelo, com o seu texto "A poética de Benjamin Péret: da revolta absoluta ao amor sublime", analisa aspectos da produção poética do surrealista francês, tendo como pano de fundo as influências europeias, oriundas do idealismo e do romantismo alemães, assim como o impacto da cultura afro-brasileira sobre a sua posição. Fechando a seção e a própria coletânea, Letícia Pumar revela em "A crise do objeto por Benjamin Péret: entre o surrealismo e a etnografia", sob a ótica das investigações do poeta acerca das culturas autóctones e afro-brasileira, a faceta de colecionador de objetos do autor, aos quais ele atribui valor antropológico, abordando o tema da corporeidade por um viés a princípio insuspeitado.

Finalmente, gostaríamos de agradecer a todas as pessoas e instituições que contribuíram para a organização do "Congresso Internacional Artes do Corpo, Corpos da Arte", tais como os Programas de Pós-Graduação em Filosofia da UFOP e da UFMG, a Capes, a comissão organizadora composta por colegas dessas e de outras instituições e a ABRE. Para a produção deste livro, agradecemos de modo especial ao consórcio Capes-Cofecub, que, mediante o apoio concedido ao projeto "Estética contemporânea: diálogo de culturas", viabilizou sua publicação pela Relicário Edições, à qual também agradecemos pela eficiência, pelo espírito de colaboração e pelo primoroso trabalho de edição.

Os organizadores

1.

dimensões estéticas da corporeidade

Dar voz ao corpo:
Espinosa e a dança

Cíntia Vieira da Silva

No início de minha pesquisa em torno da dança, entrevistei Marcelo Gabriel, um artista que tenho admirado desde nossas meninices, uma vez que as vivíamos em Belo Horizonte na mesma época. No início da década de 1990, Marcelo Gabriel e Adriana Banana, que hoje comanda o Fórum Internacional de Dança, compunham a Companhia de Dança Burra. Desde aquela época, a dança burra não era muda, mas bastante falante e contundente. Ainda me lembro de uma cena do espetáculo intitulado *As piranhas também usam Kolynos*, exibido em 1992 no teatro da escola do Grupo Corpo. Marcelo Gabriel descia do palco e sentava-se no colo de alguém da plateia. Fazia uma comovida declaração de amor – lembro-me de uma frase que era como: você é a pessoa mais espetacular que já conheci em minha vida – olhava nos olhos do espectador escolhido de modo emocionado para logo pular para a fileira de trás e repetir a cena com outro membro da plateia, até chegar à última fileira. O impacto dessa cena sobre a jovenzinha que então eu era talvez só não tenha sido maior que o alívio de não ter sido escolhida para participar daquela cena como receptora de uma declaração pública de amor fugaz.

Pois bem, um dos temas que Marcelo Gabriel abordou em nossa conversa de 2017 foi a quase ausência de trabalho vocal entre dançarinos.

Ele dizia que nunca pensou que classificar seu trabalho fosse uma tarefa prioritária, mas que se sentia muito próximo de trabalhos de dança, além de ter feito uma formação artística nessa área. No entanto, percebia que aqueles que se intitulam dançarinos dificilmente inclinam-se a usar a fala e a voz em seu trabalho. Marcelo referia-se a oficinas que teve oportunidade de ministrar para dançarinos em lugares e ocasiões diferentes. Não estava colocando-se como único artista a aliar dança e fala, apenas constatando a raridade da conjunção dessas duas atividades na formação de dançarinos e nos trabalhos em dança.

Talvez seja sintoma dessa escassez o fato de que uma das grandes referências do mundo da dança aliada à fala, Pina Bausch, tenha empregado o nome dança-teatro para descrever seu trabalho. Tal nomenclatura é recuperada de Rudolf Laban, que, na década de 1920, reivindicava a tríade *Tanz-Ton-Wort* (Dança-Som-Palavra) como matriz expressiva (Maletic, 1987, p. 6). A expressão "dança-teatro" indica o consenso construído ao longo da história da dança no Ocidente de que dança é um gênero artístico em que o corpo se expressa sem falar e nem cantar. A mim, parece incerto se o corte da voz na dança – dado que nem sempre o corpo dançante foi privado de vocalizar – manifesta uma especialização crescente dos gêneros artísticos (que é revertida no século XX). Talvez ela dê testemunho de uma concepção do corpo como instância distinta da mente de maneira substancial. Segundo tal concepção, a fala não seria uma potência do corpo, mas a expressão da atividade da mente. Provavelmente, ambos os processos concorreram para o progressivo desaparecimento do canto e da fala dos corpos dos dançarinos e talvez até estejam interligados. O certo é que nem sempre foi assim e que, ainda em nossos dias, a cisão não ocorre em todo acontecimento que pode ser chamado de dança.

Os movimentos dos orixás que se manifestam num xirê são chamados de dança, tanto pelos praticantes do candomblé quanto por pesquisadores e curiosos em geral. A dança dos orixás é acompanhada do canto daqueles que não estão em transe e dos sons da saudação daquela manifestação individual específica do orixá.

No congado, a dança, ritmada pelos guizos amarrados nos pés dos integrantes de um dado reinado, é inseparável do canto. Todos os que dançam também cantam, embora nem sempre ao mesmo tempo. Outros tantos ritos e festejos dos povos que primeiro habitavam esse lugar que hoje chamamos de nosso, e de Brasil, compõem-se de canto dançado, ou de dança cantada.

Os casos que evoquei podem induzir, erroneamente, à impressão de que dança e voz tendem a misturar-se apenas em situações rituais ou de celebração religiosa. No entanto, os coros do teatro grego, tanto na tragédia quanto na comédia, aliavam dança e voz, chegando a contar com os tragediógrafos como precursores de coreógrafos e até como dançarinos. Segundo Paul Bourcier (2006, p. 31),[1] em sua *História da dança no Ocidente*, "Sófocles chegou a dançar no papel de Nausicaa" e Ésquilo era quem coreografava a movimentação dos coros de suas peças.

Bourcier narra a progressiva expulsão da dança do âmbito do sagrado e do ritual no Ocidente. Curiosamente, contudo, sua *História da dança* termina com *A sagração da primavera*, de Maurice Béjart. Inúmeras criações artísticas nos séculos XX e XXI buscam se aproximar do âmbito ritualístico, da comunhão com o todo e da dissolução temporária das individualidades, como o teatro de estádio de José Celso Martinez Corrêa e a antropologia teatral de Eugênio Barba. Em 2006, Marcelo Gabriel apresenta *O voo da serpente engole o círculo do sol* em Belo Horizonte, no Teatro Marília. O programa do espetáculo nos apresenta o que veremos – ou o que vimos, para aqueles que, como eu, só leem alguns programas de espetáculo ao final – como um ritual. A produção de corporeidades novas no âmbito de uma intervenção artística seria crítica das subjetividades contemporâneas adoecidas, mas também um rito de cura:

---

[1] 1ª ed. 1987. Original de 1978.

O pajé/xamã tecnológico dá início ao ritual no qual, por meio de gestos simples, desenterra e desnuda a essência esquecida de cada indivíduo e a sua própria. Perdidas que estão no caos e na impessoalidade das grandes cidades. Trata-se da reinvenção desse corpo ancestral num espaço urbano midiático contemporâneo.

Através da sensibilização deste corpo 'oficial', experimentamos a revelação de uma realidade mais rica e consequente baseada no diálogo com nossa herança natural.

A grande indagação seria como nossa história ancestral anímica dialoga com nossa construção cartesiana atual.[2]

Já tive ocasião de falar[3] do quanto a relação com uma corporeidade ancestral é importante na dança da escuridão (*ankoku butôh*) de Tatsumi Hijikata, conhecida hoje por *butôh*, e como tal relação não é apenas um resgate de outros modos de viver o corpo, mas a criação de novas corporeidades que se impregnam de gestos, de posturas e de ritmos ancestrais. Essa concepção de um corpo mais conectado ao todo, de um corpo capaz de explorar e de produzir novas possibilidades de maneira mais plena, frequentemente acompanha-se da reintegração da voz às experimentações corporais.

Maura Baiocchi, dançarina, atriz, coreógrafa, dramaturga e fundadora da Taanteatro Companhia, concebe o corpo como uma estrutura composta de cinco modalidades ou camadas de musculatura. Para além dos músculos do corpo fisiológico, Baiocchi (1997) nomeia como musculatura tudo o que permite que sejamos afetados e que afeta outros corpos. De acordo com Marcelo Andrés Comandú (2012, p. 564):

---

2. Texto do programa da peça de Marcelo Gabriel: "O voo da serpente engole o círculo do sol".
3. O texto, ainda inédito, intitula-se *Dança da carne: Hijikata e o corpo do butôh*. Foi apresentado na USP no 2º Encontro Procad USP/UFOP/UFF: Estética Moderna e Contemporânea, no dia 16 de agosto de 2018.

As musculaturas propostas são: interna, aparente, transparente, estrangeira e absoluta. Essas cinco musculaturas estendem o corpo para além de seus limites físicos e aspectos puramente materiais (musculaturas interna e aparente). Também constituem o corpo todas aquelas funções da psique como mente, pensamento, intuição, sonhos: incluindo os conceitos de alma e ego (musculatura transparente); o Absoluto ou a energia sem forma e sem modo, geradora e destruidora de tudo o que existe, impossível de ser explicada pelo pensamento lógico (musculatura absoluta) e tudo aquilo que está imediatamente depois da pele, o que nos rodeia: a natureza, as outras pessoas, os objetos animados e inanimados (musculatura estrangeira).

O trabalho vocal faz-se por meio da articulação e treinamento dessas musculaturas e constitui-se como sua expressão sonora. Há um esforço para afastar a voz de um uso representativo e psicologizante que faria dela um veículo para exprimir estados de ânimo, como sentimentos e emoções, ou ideias desencarnadas. Baiocchi (1997, p. 21) propõe "explorar o som e a palavra como vibrações concretas que emanam do corpo todo, restaurando-os como dança e poesia dos sentidos".

Ao assistir *O homem com o coração arrancado do peito*, espetáculo que Marcelo Gabriel apresentou no Sesc Palladium de 21 a 23 de setembro de 2018, era exatamente esta a impressão: a de uma voz que dança. Uma voz que se assume inteiramente como elemento corpóreo e explora miríades de possibilidades de movimento. E o que essa voz diz, por meio de todas as variações que experimenta, concerne aos limites da linguagem e às injunções do poder que incidem sobre o que pode ser dito. Essa voz dançante, ou canto falado, parece atravessar todo o corpo, esse corpo que, ao contrário de outros tantos corpos dançantes, sobretudo no balé clássico, mas também em alguns trabalhos de dança contemporânea, tem um rosto que também dança, que é também expressivo. Há momentos, neste e em outros espetáculos de Marcelo Gabriel, em que a fala não é realizada ao vivo, em nossa presença, mas gravada à parte. O programa (ou os créditos em vídeo, conforme o caso), sempre nos informa que o corpo que produz aquela voz é o mesmo que vemos dançar (ou atuar, ou performar), o que produz um certo efeito de dissociação. No entanto, mesmo que a voz, a fala, não se produza simultaneamente pelo corpo que dança, ainda assim ela parece ser, senão o aspecto vocal daquela mesma dança, ao menos, sua trilha sonora.

Quando nos deparamos com o corpo de um dançarino, ator, performer como Marcelo Gabriel, e tantos outros, sentimos estar diante de um corpo que ampliou e intensificou suas possibilidades expressivas, que tem um grau de presença bem mais intenso que nossos corpos de transeuntes pelas ruas, pelos ônibus e metrôs, pelas muitas filas em que esperamos pelas cidades afora. Tive a oportunidade de acompanhar um pouco do treino que possibilita a criação dessa expressividade corporal ampliada na época em que morava em Campinas e tinha proximidade pessoal (e profissional, como palhaça em formação) com os atores e atrizes do Lume Teatro. Um dos elementos de seu árduo treinamento, cujas bases foram criadas por Luís Otávio Burnier, chama-se, precisamente, dança pessoal.[4] Tal dança, que constitui um repertório mutável de gestos, de ações e de variações corporais, é alcançada por meio de um trabalho que leva o corpo à exaustão. O esgotamento físico leva ao desmonte dos hábitos daquele corpo em treinamento, hábitos anteriores à expressão artística e produzidos por uma moldagem sociocultural, permitindo o surgimento de uma corporeidade que não é mais aquela bem-educada, civilizada ou docilizada.

Os dois atores que já faziam parte do primeiro núcleo do Lume (e que continuam a trabalhar ali), Carlos Simioni e Ricardo Puccetti, produziram, cada um, um espetáculo solo, calcado em suas danças pessoais. Em *Kelbilim, o cão da divindade*, Simioni deixava-se permear pela vida de Santo Agostinho e seus dilacerantes conflitos entre carne e espírito. A voz era quase onipresente no espetáculo, desde o trabalho vocal de Simioni, cuja riqueza expressiva chegava ao virtuosismo, até o canto gregoriano, executado ao vivo, mas fora da sala em que o espetáculo acontecia, ouvido,

---

4. Para uma breve exposição do trabalho do Lume e da dança pessoal, cf. Ferracini e Puccetti (2011, p. 360-369). Disponível em: http://www.seer.ufrgs.br/presenc

então, através das janelas. Alguns anos depois, Ricardo estreou *Cnossos*, labirinto de tonalidades afetivas visíveis no corpo em cena do ator. Em todo o espetáculo ouvimos apenas um grito, que parece reunir toda a potência expressiva da voz em um só ato. A outra voz que surge vem de uma única intervenção musical, a ária *Una furtiva lagrima*, reproduzida num gramofone.

Os procedimentos empregados pelo Lume aproximam-se do trabalho de Eugenio Barba e de Odin Teatret, com quem mantêm um intercâmbio duradouro. Barba concebe sua antropologia teatral como instrumento de pesquisa e de treinamento para se chegar ao que ele chama de corpo dilatado. Para essa corporeidade, "o corpo é a parte visível da voz e se pode ver onde e como nasce o impulso que se converterá em som e palavra. A voz é corpo invisível que opera no espaço" (Ruiz Lugo; Fidel Monroy, 1993, p. 558 *apud* Comandú, 2012, p. 559-572). Isso faz lembrar que a onda sonora, a vibração sonora, é algo físico, ainda que invisível.

Essas concepções e práticas do treinamento e da produção de corpos expressivos mostram-nos que a voz, enquanto sonoridade, ou melhor, meio de criação de possibilidades sonoras, é corpo. Mas e quanto à capacidade de falar? Para além do aparato corporal capaz de produzir os sons articulados que compõem a nossa fala, seria a fala um produto mental?

Para os estudiosos de Espinosa, a fala é um ponto privilegiado para o debate a respeito do tipo de relação que pode haver entre corpo e mente em um monismo substancial, ou seja, numa concepção em que corpo e mente são modalidades de expressão distintas de uma mesma substância. Um primeiro ponto importante para esta discussão, de um ponto de vista espinosano, seria distinguir entre palavras, imagens e ideias. Espinosa adverte a respeito da relevância dessa distinção ao final da segunda parte da *Ética*,[5] intitulado *Da mente*. Curiosamente, aliás, a segunda parte começa com uma definição de corpo. Um leitor cartesiano, ou partidário

---

5. Espinosa, B. *Ética*. Tradução do Grupo de Estudos Espinosanos. São Paulo: Edusp, 2015 (doravante "E", seguido do número da parte e da proposição, ambos em algarismos romanos).

de algum outro dualismo entre corpo e mente, há de surpreender-se. Na continuação do texto, contudo, aprendemos que a mente é ideia do corpo, o que torna a sua definição um requisito para delinear o conceito de mente. A proposição 49, a última da segunda parte, afirma que "na mente não é dada nenhuma volição, ou seja, afirmação e negação, afora aquela envolvida pela ideia enquanto é ideia" (E, II, prop. XLIX). Espinosa visa demonstrar que a vontade não é uma faculdade distinta do intelecto e que as volições particulares são apenas a afirmação ou negação das próprias ideias em nós. Para esclarecer a demonstração, Espinosa recomenda "aos Leitores que distingam acuradamente entre ideia, ou seja, conceito da Mente, e imagens de coisas que imaginamos. É necessário também que distingam entre ideias e as palavras pelas quais significamos as coisas" (E, II, prop. XLIX, esc.). As imagens que se formam em mim são registros das afecções, ou efeitos, que os corpos produzem em meu corpo. As palavras também são produtos corporais.

A relação entre as palavras, ou a fala, o corpo e a mente aparece mais uma vez no famoso escólio à proposição 2 da terceira parte, intitulada *Da origem e da natureza dos afetos*. Os afetos são acontecimentos que ocorrem simultaneamente ao corpo e à mente, portanto, explicar sua origem e natureza requer uma abordagem da relação entre ambos. Referi-me ao escólio que comentarei a seguir como famoso, pois nele se encontra uma frase conhecida mesmo por aqueles que nunca leram a *Ética*: "ninguém até aqui determinou o que o corpo pode" (E, III, prop. II, esc.). O cerne da proposição, e do escólio, é afirmar a ausência de causalidade recíproca entre corpo e mente, o que vai contra uma longa tradição que, tanto no senso comum quanto na filosofia, estima que a mente comanda o corpo. O enunciado da proposição vai cabalmente contra essa linhagem: "nem o Corpo pode determinar a Mente a pensar, nem a Mente pode determinar o corpo ao movimento, ao repouso ou a alguma outra coisa (se isso existe)" (E, III, prop. II). Para Espinosa, as cadeias de causas e efeitos são compostas por elementos ou bem corporais ou bem mentais. Entre corpo e mente não há encadeamento causal nem iminência ou superioridade de um sobre o outro.

A refutação do lugar comum segundo o qual a mente comanda o corpo começa por mostrar que tal afirmação é fruto da ignorância a respeito do que o próprio corpo é capaz de fazer por sua própria constituição ou estrutura. É por não se conhecer suficientemente o corpo em suas maquinações que se afirma que os prodígios que o corpo realiza são causados pela mente. Outro argumento utilizado em favor do comando da mente sobre o corpo é a constatação da inércia do corpo diante da inação da mente, ao que Espinosa rebate, mostrando que o contrário também se verifica. Segundo Espinosa, corpo e mente são, simultaneamente, ativos ou passivos, ambos mostram-se inertes ou alertas em conjunto. É então que Espinosa trata da fala e dá um golpe de misericórdia empirista na posição adversária, começando por apresentá-la: "Em seguida, dirão que experimentam estar só no poder da Mente tanto falar quanto calar e muitas outras coisas que por isso creem depender do decreto da mente" (E, III, prop. II, esc.). É com bastante humor que Espinosa não apenas mostra que as coisas não se passam assim, como insinua que esse modo de pensar é uma espécie de realização de desejo (que os anglófonos chamam de *wishful thinking* e nós costumamos associar à expressão "quem dera"): "as coisas humanas dar-se-iam muito mais felizmente se nos homens estivesse igualmente o poder tanto de calar quanto de falar. Ora, a experiência ensina mais que suficientemente que os homens nada têm menos em seu poder do que a língua, e que nada podem menos do que moderar seus apetites (...)" (E, III, prop. II, esc.).

Espinosa prossegue, apontando as ilusões com que a maioria de nós se convence do controle da mente sobre o corpo:

> [...] o embriagado crê que fala por livre decreto da Mente aquilo que depois de sóbrio preferiria ter calado; assim o delirante, a tagarela, o menino e muitos outros de mesma farinha creem que falam por livre decreto da Mente, quando na verdade não podem conter o ímpeto que têm de falar,

de tal maneira que a própria experiência, não menos claramente do que a razão, ensina que os homens creem-se livres só por causa disto: são cônscios de suas ações e ignorantes das causas pelas quais são determinados; e, além disso, ensina que os decretos da Mente não são nada outro que os próprios apetites, os quais, por isso, são variáveis de acordo com a variável disposição do Corpo. (E, III, prop. II)

Falar, portanto, é uma habilidade corporal, e o que nos faz calar ou falar não é uma livre decisão da mente, mas um apetite do corpo. Ao tomarmos consciência desse apetite, passamos, erroneamente, a chamá-la de livre decreto, ligando-a a uma potência mental. Os exemplos fornecidos por Espinosa não constituem uma lista exaustiva de situações de fala produzida pelo corpo. O corpo é sempre, em todos os casos, instância causadora da fala. A escolha dos exemplos deve-se apenas ao fato de que, nesses casos, é mais visível que o controle mental sobre a fala é meramente ilusório. Contudo, mesmo a fala mais ponderada e discreta não deriva de um domínio mental.

Há um espetáculo de dança que figura, ou encarna, de maneira muito aguda o caráter corporal da fala. Em *Asararas*, Dorothé Depeaw e Guilherme Morais fazem uma espécie de jogo dançado com alguns poucos elementos: as bolinhas, que eles chamam de pererecas, pois são daquelas bolinhas que quicam e pulam, os gestos e os movimentos – alguns deles codificados, conforme ficamos sabendo ao longo do espetáculo – a fala, a luz e a música. A partir do sexto minuto,[6] após um ruído integrante da música, Guilherme começa a falar, narrando o que seu corpo faz, o que vê, seu modo de interagir, ou ignorar, Dorothé. Um novo ruído e o lance de uma bolinha precedem a troca de voz e de posição. Com os dois dançarinos sentados, Dorothé narra, no passado, o que fizera e o que sentira enquanto Guilherme dançava falando.

---

6. Vídeo disponível em Vimeo: https://vimeo.com/253644733.

Como se para esgotar, ou, ao menos, explorar ao máximo as possibilidades de relação entre falar e fazer, narrar e fazer, ocorrem novas mudanças de protagonista, sempre anunciadas ou por ruído musical e lançar de bolinha ou, mais tarde, por um som de campainha. A narrativa agora aponta para o futuro: Guilherme narra tudo o que vai fazer e, em seguida, executa o que narrou. Depois disso, Dorothé começa a narrar o que vai fazer e a execução inicia-se alguns segundos depois, de modo que a fala está apenas um pouco à frente da dança. A narração começa em francês e, aos poucos, palavras e frases em português começam a infiltrar-se nela. Então, após novo sinal de mudança, Guilherme levanta-se do banco em que estava sentado, e junta-se a Dorothé no palco. Coloca uma máscara que venda seus olhos. Quando Dorothé começa a dançar, descreve o que faz e a descrição logo se torna um protocolo de instruções. Embora Guilherme as siga, os dois não dançam de modo exatamente igual, pois ele segue apenas o que a voz de Dorothé diz, sem ver o que o corpo dela faz. As instruções, apesar de detalhadas, não descrevem à risca todas as variações com que um gesto, ou conjunto de gestos, pode ser executado. A nova combinação é feita em silêncio, mas, depois de um som de campainha, os dois sentam-se no chão no centro do palco e contam simultaneamente, olhando um para o outro, cada gesto e movimento da dança que acabaram de executar. Após nova campainha e uma mudança de luz, que forma um x cortando o palco, no centro do qual os dançarinos continuam, eles fornecem-se instruções para a dança que vem a seguir. Enquanto executam o que o parceiro instruiu, contam o que ele faz, ou seja, falam em forma de narrativa o que, no bloco anterior, havia sido dito sob a forma de orientações. Aos poucos, fragmentos de frases em *off* começam a intervir e as vozes de Dorothé e Guilherme começam a misturar-se uma à outra e às vozes gravadas, que se tornam mais presentes, de modo que não se consegue mais discernir as palavras.

Esse não é o fim do espetáculo, mas a presença da fala termina por aí. Não prossigo a narrativa do que vi para não privar ninguém do prazer da surpresa do final. Um pouco mais apenas sobre o impacto que me causou ver essa apresentação ao vivo: nunca tinha sentido de modo tão nítido o quanto quem fala é o corpo. Em *Asararas*, a fala não é um texto que conta uma história, ou um texto poético que cria imagens para que entrem em composição com os gestos, mas os corpos falam de corpos, do que fazem, de como se afetam, do que percebem. Há um momento em que Dorothé diz, em francês, e eu traduzo o que minha memória registrou aqui: "comecei a movimentar os braços para voar. Mas não voei, pois não sou um animal que voa. Sou um animal que anda". O que *Asararas* nos lembram, com Dorothé e Guilherme, é que somos animais cujos corpos, além de andar, podem movimentar-se de maneira extremamente variegada, e falam.

Espinosa não apenas define as palavras como movimentos corporais (Hervet, 2011),[7] como também a fala, e, sobretudo, a tagarelice, como manifestação de uma potência do corpo que deixa a mente estupefata. Conforme Céline Hervet (2011, p. 112-113):

> A mente faz a experiência, através da tagarelice, de um fenômeno corporal inédito: a potência do corpo, que ela não consegue dominar, manifesta-se a ela sob a forma de um impulso cujas causas ela não conhece, estas pertencendo a um gênero de ser, exprimindo um outro atributo da substância, não aquele do pensamento, mas o da extensão. Ao modelo cartesiano da dominação da mente sobre o corpo, que faz da experiência da linguagem o lugar privilegiado da expressão do pensamento claro e distinto, Espinosa opõe a opacidade dessa experiência. Aquele que fala, mais ainda, aquele que tagarela, que delira ou que 'balbucia', como a criança, não se pertence, no sentido em que a experiência corporal escapa à sua mente. Este tem, certamente, consciência do fato de que seu corpo está falando, mas não conhece as causas dessa ação. [...] A palavra falada é [...] o lugar da ilusão da liberdade.

Se Espinosa se contrapõe inteiramente ao voluntarismo, negando a existência da vontade como faculdade independente do intelecto – lem-

---

[7]. As citações extraídas desse livro foram traduzidas por mim.

bremos que, para Descartes, a vontade era não apenas mais uma faculdade, como também, infinita, ao contrário do intelecto –, Steve Paxton, criador do *Contato Improvisação*, adverte quanto aos perigos de uma atitude voluntarista para a improvisação em dança, sobretudo em dupla (o que pode ser ampliado para um grupo maior). Os dois corpos que pretendem dançar juntos precisaram encontrar modos de entrar em composição e, para isso, o primeiro passo é apreender a microdança do corpo do parceiro. Espinosa não usa o termo "dança", mas diz que as partes infinitamente pequenas que compõem um determinado corpo encontram-se unidas segundo uma certa relação de movimento e de repouso, que Deleuze chama de ritmo em suas aulas sobre Espinosa. Se nomeássemos essa relação de movimento e de repouso como dança, seria uma nanodança, invisível e, talvez indetectável. Podemos, contudo, supor que há também micromovimentos entre partes que não sejam tão pequenas quanto estas infinitesimais. Essa microdança, esse ritmo de um corpo singular, precisa ser apreendido por um parceiro de dança, sobretudo na improvisação. E Paxton, como Espinosa, enxerga a lição política a ser extraída da composição entre os corpos. Essa composição, que começa com a percepção da microdança do outro, busca alcançar algo que se passa entre os dois corpos e não é comandado por nenhum deles:

> SP: É 'algo' entre as pessoas que não está sendo controlado por nenhum dos dois. A menos que na fluidez das coisas alguém decida assumir o controle da forma e fazer algo com isso. Mas primeiro há a identificação. Então, se decidem controlar, é como se eu decidisse interromper a sua conversação. Você está falando algo e eu digo: - 'não, não, não, isso não está certo, blá, blá, blá…' Este tipo de coisa. Mas, basicamente, como ambos podem seguir um ao outro? É um pouco paradoxal. Normalmente, nós pensamos: 'líder-seguidor' ou 'guiar-seguir'. E se tivéssemos apenas 'seguidor-seguidor'? Que política haveria nisto? O estado do seguidor e do líder, ambos estão conscientes, mas quando se começa a incluir reflexos e outros tipos de manifestações

inconscientes, algo mais está guiando. A consciência pode apenas observar o que acontece. Você não tem que ser voluntarioso, por exemplo.[8]

Essa imagem do seguidor-seguidor remete a uma outra técnica em dança, que pode ser sua imagem do outro lado do espelho: a condução compartilhada. Se, nas danças de salão, tradicionalmente, havia apenas um condutor, que costumava sempre ser o homem, a condução compartilhada supõe alternância de papéis. Meu conhecimento sobre essa técnica, que não é vasto nem profundo, seria nulo, não fosse o contato com o trabalho de Debora Pazetto, Samuel Samways e sua Terceira Margem Coletivo de Dança. No espetáculo *Breve espaço entre as coisas que se tocam*, além dos dois, dançarina e dançarino, há também músicos. Dança e música compõem-se diante de nós, espectadores, em improvisação, mas o entrosamento entre corpos dançantes e musicais e sua fluidez denotam muita preparação. Evidentemente, improvisação requer preparo, talvez ainda mais do que um espetáculo inteiramente roteirizado. Em dado momento do espetáculo Debora, que também é filósofa e professora, além de dançarina, fala. Não fala o mesmo nem do mesmo modo em todas as apresentações, mas sempre há um momento em que ela fala. Não é uma fala tagarela, mas uma fala de um corpo que compõe um indivíduo com uma mente filosofante.

Em determinado dia de espetáculo, ela começa a falar numa postura que poderia bem ser a de uma professora, que se põe de pé, gesticula suavemente e olha com firmeza para a sua audiência. Então, Samuel, que jazia ofegante no chão, levanta-se novamente e os dois recomeçam a dançar juntos, enquanto Debora continua falando. Os movimentos não ilustram a fala, não a exemplificam, mas formam figuras que se compõem com eles. Vendo essa cena de uma perspectiva espinosista, ao invés de termos uma situação, como a da tagarelice, em que a mente assiste à expressão de uma potência corporal, temos o desdobramento de duas potências corporais,

---

8. Steve Paxton entrevistado por Fernando Neder. Disponível em: http://www.seer.unirio.br/index.php/opercevejoonline/article/view/1443/1247 v.2, n. 2, 2010.

acompanhado por uma mente ativada que se empenhou em burilar a linguagem e trabalhar os conceitos. Talvez essa dansofia, ou filosofança, seja um caminho para nos reapropriarmos, e também construirmos, o que Suely Rolnik chama de saber do corpo.

Referências

BAIOCCHI, Maura. *Taanteatro*: Caderno 1. São Paulo: Editora Transcultura, 1997.

BOURCIER, Paul. *História da dança no Ocidente*. São Paulo: Martins Fontes, 2006. p. 31. (1ª ed. 1987. Original de 1978).

COMANDÚ, Marcelo Andrés. Cuerpo: presencia y transitoriedade. *Revista brasileira de estudos da presença*, Porto Alegre, v. 2, n. 2, p. 559-572, jul./dez. 2012.

ESPINOSA, B. *Ética*. São Paulo: Edusp, 2015.

FERRACINI, Renato; PUCCETTI, Ricardo. Presença em Acontecimentos. *Revista brasileira de estudos da presença*. Porto Alegre, v. 1, n. 2, p. 360-369, jul./dez., 2011. Disponível em: http://www.seer.ufrgs.br/presenc.

HERVET, Céline. *De l'imagination à l'entendement*. Paris: Garnier, 2011.

MALETIC, Vera. *Body, Space, Expression*: The Development of Rudolf Laban's Movement and Dance Concepts. Berlin, NY, Amsterdam: Mouton de Gruyter, 1987.

RUIZ LUGO, Marcela; FIDEL MONROY, Bautista. *Desarrollo Profesional de la Voz*. México: Grupo editorial Gaceta, 1993.

O corpo do artista em movimento:
caminhar, escrever[1]

Olivier Schefer

Em *O olho e o espírito*, Maurice Merleau-Ponty (1964, p. 16) reporta estas palavras preciosas de Paul Valéry: o "pintor emprega seu corpo", e acrescenta: "E, de fato, não se percebe como um Espírito poderia pintar. É oferecendo seu corpo ao mundo que o pintor transforma o mundo em pintura. Para compreender essas transubstanciações, é preciso reencontrar o corpo operante e atual, aquele que não é um pedaço do espaço, um feixe de funções, mas que é um entrelaçamento de visão e movimento". A investigação fenomenológica de Merleau-Ponty terá sido guiada pela preocupação constante de se libertar daquilo que Marcel Duchamp chamava de pintura "retiniana", a abordagem idealista e representacional do mundo, para uma leitura encarnada, recíproca e não mais dualista: a de uma "extraordinária pegada",[2] como ele escreve no mesmo lugar, do corpo sobre o mundo e inversamente. Esse pensamento da entre-expressão que conduz a enodar as partes do "mesmo Ser", do qual se aproxima Merleau-Ponty em *O olho e o espírito* e ainda em suas notas sobre *O visível e o*

1. Tradução de Daniela de Moura e revisão de Pedro Hussak.
2. Nota da tradutora (NT): o autor utiliza a expressão *empiétement*, que designa invasão, furto, ocupação. Porém, a palavra "pé" (*pié*), aqui, nos levou à palavra de duplo sentido "pegada": de um lado, pegar ou tomar para si, do outro a pisada, o traço do caminhar.

invisível, ordena-se em torno dessa figura de um corpo móvel que renunciou à estação congelada e aquém de um olho ordenador, organizador do mundo em espetáculo visível: como se, para apreender o entrelaçamento do Ser, fosse necessário repensar o corpo vivido, não somente como carne (o corpo "que vê visível", "que sente sentido"), mas também como móvel. O filósofo qualifica o corpo vivido, como já fora dito, de "entrelaçamento de visão e movimento". Ele fala adiante de um "corpo visível e móvel".

Se o pintor emprega seu corpo e que sua obra resulte de uma visão encarnada em vez de idealista, ele emprega também um corpo de mobilidades, de incidências, de interrupções, de falhas e de ritmos. O que é o corpo móvel do artista? O que ocorre com o corpo do artista quando ele desloca-se? Penso, aqui, em certas práticas artísticas contemporâneas cuja origem é às vezes mais antiga: artistas caminhadores que deambulam e fazem uma obra caminhando, ou fazem da caminhada uma obra.

Voltarei em breve a um exemplo preciso. Tomo ainda alguns instantes para desenvolver essa combinação de "visão e movimento", que pode ser também uma associação de outros sentidos do corpo vivido.

O corpo em movimento: pensamento e criação

Ao referirmos à nossa tradição ocidental e, com ela, a uma tradição literária e filosófica europeia, somos levados a lembrar que o corpo, frequentemente desconsiderado (o "túmulo da alma" de Platão), por vezes gozou de um estatuto favorável quando ele estava em *movimento*. Não vou refazer aqui uma longa história que remontaria ao menos aos filósofos do Liceu, com Aristóteles, e aos Peripatéticos. Só pontuo simplesmente que quando Kant – de quem conhecemos a moral rigorosista, mortífera no que diz respeito ao corpo de prazer – pensa o ato livre, o primeiro exemplo que lhe vem ao espírito é o movimento. Na terceira antinomia de sua *Crítica da razão pura*, Kant (1980, t. I, p. 1.106-1.108; Kant, 1983, p. 235) demonstra que o homem pode, sem contradição, ser livre, sendo, ao mesmo tempo, naturalmente determinado: livre de acordo com a *causalidade* (seu ato abre uma série absolutamente nova e inédita), embora ele seja determinado de acordo com a *temporalidade* (agimos sempre entre um antes e um depois).

> Se (por exemplo), levanto-me agora de minha cadeira totalmente livremente e sem a influência que determina necessariamente as causas naturais, então nesse acontecimento, com todas as suas consequências naturais ao infinito, inicia-se absolutamente uma nova série, embora, em relação ao tempo, esse acontecimento seja apenas a continuação de uma série precedente.

Observação que poderíamos completar com aquelas de Jean-Jacques Rousseau (1959, t. I, p. 162), que escreve em suas *Confissões* que suas ideias principais ocorrem-lhe ao caminhar, ideias livres, de uma liberdade do acaso de um golpe em vez de um princípio:

> A caminhada possui algo que anima e aviva minhas ideias: eu praticamente não consigo pensar quando estou parado; é preciso que meu corpo esteja em movimento para colocar em movimento meu espírito. Eu não preveria que eu teria ideias; elas vêm quando lhes apraz, não quando me apraz.

Fórmula já nietzschiana ("não sou 'eu' que pensa", ele escreve em *Para além de bem e mal*, "mas algo pensa em mim") que coloca o corpo em movimento e torna-o atento às ideias incidentes, a este outro ritmo que a ele se impõe. Há seguramente uma associação fundamental entre a liberdade e o corpo móvel, entre o pensamento e o movimento, mas também entre a inspiração artística e o corpo que se desloca. Charles Baudelaire descreve o poeta e o artista da modernidade como um caminhante inspirado que percorre as multidões e as cidades. Ele não é o ser da imobilidade e do repouso, mas, sobretudo, um ser em movimento perpétuo. Baudelaire distingue-se de Blaise Pascal, que condenava a aptidão dos homens à diversão, ao desvio (*divertere*, desviar), incapazes de permanecer refletindo por uma hora em suas casas. Pascal opunha a esse movimento superficial da diversão, a *conversão* (religiosa) da reviravolta em si. Porém, em Baudelaire, esse movimento na multidão não é prosaico, é o feito de um grande solitário, uma espécie de monge místico que vive em comunidade, entre seus contemporâneos, em vez de um anacoreta, um cenobita:

> Assim ele vai, ele corre, ele procura. Procura o quê? Certamente, esse homem, tal como o descrevi, esse solitário dotado de uma imaginação ativa, sempre viajando através do grande deserto de homens, tem um objetivo mais elevado do que o de um simples *flâneur*, um objetivo mais geral, distinto do prazer fugidio da circunstância. Ele procura esse algo que nos permitirá chamar modernidade. (Baudelaire, 1976, t. II, p. 694)

Essa modernidade consiste em encontrar o que há de universal e de eterno no momento presente. Trata-se, em Baudelaire (1975, t. I, p. 694), de realizar uma verdadeira travessia de multidões e de cidades; poeta moderno tem "o ódio do domicílio e a paixão pela viagem". Adotando vários papéis, ele possui o gosto pelo travestismo; ele pode ser ele mesmo e um outro (nisso ele é um ator), "como essas almas errantes que procuram um corpo". Em um registro similar, lembremos que Paul Valéry descreve a seguinte experiência, bem significativa, que faz eco às teorias da modernidade baudelairiana. Para Valéry, assim como para Baudelaire, a inspiração nasce do contato físico, corporal, do artista com o ritmo da cidade, esta que consiste em uma fonte de inspiração nova.

> Eu havia saído de casa para descansar, através da caminhada e da dispersão de olhares, de alguma tarefa enfadonha. Enquanto eu seguia pela rua onde moro, e que se inclina rapidamente, fui apreendido por um ritmo que se impunha a mim, e que logo me deu a impressão de um funcionamento estranho. Um outro ritmo veio, dobrando o primeiro e combinando-se com ele, e estabeleceu-se ali não sei qual relação transversal entre essas leis. [...] Percebi que a caminhada frequentemente me entretém com uma viva produção de ideias através da qual manifesta, por vezes, uma reciprocidade: o ritmo provocando os pensamentos, os pensamentos modificando o ritmo. (Valéry, 2002, p. 624-625)

Paul Valéry mostra a maneira pela qual o sentido se forma a partir de um canto interior experimentado e atravessado: o movimento da caminhada imprime no corpo e no espírito a dinâmica da criação.

Caminhar, escrever: Jean-Christophe Norman

Referindo-se a esses laços entre a escrita e a caminhada, Valéry lembra-se talvez de uma estranha e magnífica passagem de Rousseau (1959, p. 162-163) nas suas *Confissões*:

> Se vimos os livros de minha primeira juventude, aqueles que fiz durante minhas viagens, aqueles que compus e que nunca escrevi... por que, dirão vocês, não os escrever? E por que os escrever, responderei a vocês: para que me abster do charme atual do prazer para dizer a um outro que eu tive prazer? Que importância tinham para mim os leitores, um público e toda a terra, enquanto eu planava no céu? Aliás, eu tinha comigo papel e penas? Se eu tivesse pensando nisso tudo nada teria vindo para mim. Eu não previa que eu ia ter ideias; elas vêm quando lhes apraz, e não quando me apraz. Ou elas não vêm, ou vêm em multidão e derrubam-me em quantidade e força. Dez volumes por dia não teriam sido suficientes.

Caminhar permite escrever, diria Valéry; caminhar já é escrever, teria lhe dito Rousseau. O corpo móvel encontra um ritmo que ele lança sobre a folha, ou seja, ele compõe uma obra em devir, essencialmente volátil, fugaz.

A obra do artista Jean-Christophe Norman ressalta talvez esse duplo movimento de escrever caminhando e de caminhar como se escreve, isto é, de desdobrar uma escrita pedestre. O artista intervém em várias cidades do mundo; a sua arte suscita um laço especial com o corpo. O essencial de seu trabalho artístico consiste em reescrever livros, linha por linha, capítulo por capítulo, com giz, diretamente sobre a calçada de cidades escolhidas ao acaso entre pedidos e encontros: Berlim, Nova Iorque, Phnom Pen, Marseille, etc. Ele exerce um trabalho de escritor em vez de copista: a escrita é definitivamente para ele, assim como para

Roland Barthes, uma atividade de cópia infinita, um enxerto intertextual que nasce de superposições e de ajustes.

Por vezes, Norman atende a pedidos precisos, como o de Laurent Le Bon para o Museu Pablo Picasso: Norman reescreve integralmente dentro da programação do amplo projeto *Picasso Mediterranée* a biografia de Picasso, de Pierre Daix. Mas ele reescreve também livros de Conrad, *Coração das Trevas*, ou de Marguerite Duras, em diferentes lugares, sempre urbanos ou em periferias das cidades (por exemplo, nas zonas portuárias, na Baía de Saigon). Sua maior obra é a reescrita integral de *Ulisses* de James Joyce, projeto de muitos anos, intitulado *Ulysses, a Long Way*. Seu trabalho inscreve-se numa filiação artística contemporânea, balizada, para limitarmos a algumas comparações, por um lado, pela arte conceitual, e, por outro, pela Land Art e suas ressonâncias mais atuais. Diante de seu trabalho, pensamos, por exemplo, nas perseguições de Vito Acconci em Nova Iorque, em 1969: Acconci segue ao acaso um pedestre até o momento em que esse entra em um espaço privado e a performance--perseguição chega ao fim. Essa performance, *Following Piece*, imbuída no espírito baudelairiano do homem das multidões será acompanhada de traços escritos dos deslocamentos, sob a forma de uma agenda e de um calendário nos quais o artista registra suas passagens. Por outro lado, em Norman, as frases inscritas no chão podem evocar as linhas traçadas na grama por Richard Long, *A line made by Walkin* em 1967, escultura efêmera, produzida pelos deslocamentos do artista riscando o solo e a grama. Lembremos também do fio de tinta verde que Francis Alys deixa escorrer, pingar, que, à maneira do *dripping* e do *pourring* pollockiano, refaz o traçado da linha verde entre Israel e Palestina, *The Green Line*. Norman liga escrever e deslocar-se sempre da maneira mais concreta, a mais física que seja, como se ele fizesse uma escultura provisória e horizontal. Suas performances nômades, escritas e caminhadas inscrevem-se na perspectiva fenomenológica de um investimento do solo e do horizonte cuja importância para a arte contemporânea foi mostrada por Rosalind Krauss em *Passages. Une histoire de la sculpture de Rodin à Smithson*.

Ulysses, a Long Way: escrever a errância ou a desterritorialização do texto

Como revela o filme recente que Julien Devaux dedicou ao artista no qual seguimos as deambulações escritas de Norman, esse último, como um animal, deposita uma linha atrás dele que deixa o rastro de sua passagem sobre o chão; ele não anda verdadeiramente, ou apenas isso, mas rasteja, arrasta-se como um caramujo ou uma lesma, algum gastrópode. Ele avança a quatro patas, e, riscando o chão, se mantém rente ao real. De fato, não se trata aqui, como notou Thierry Davila (2019, p. 17), de ler um texto, mas de inscrever uma escrita de maneira plástica: as palavras não são signos a serem decodificados, mas traços sustentados por um suporte bastante físico, o concreto com suas falhas e seus buracos, sua circulação e seus pedestres.

São raros aqueles que passam e leem o texto, fatalmente fragmentário, disperso sobre múltiplas cidades. Ele é, na verdade, pouco legível. Os passantes que nele se delongam o fazem com ironia ou incompreensão: eu passei um dia inteiro com o artista, filmado pelo Devaux, que copiava em Paris um dos capítulos do livro de Joyce, desde o bairro de *Belleville*, no 13º *arrondissement*, até a *Place de la République*, no 11º *arrondissement*. Apenas um policial leu inteiramente a frase sobre o chão, e certamente para verificar se o conteúdo difundido no espaço público não apresentava nada de escandaloso e, de fato, essa maneira de investir sobre o espaço comum é discretamente, embora essencialmente, política. Norman borra as linhas e as redes com sua imensa frase sinuosa, verdadeira linha de fuga transversal no meio de espaços normatizados.

Assim, ele oferece *mais a ver do que a ler*. Afinal, ler é anular o texto, é ultrapassar o signo visível em direção à sua significação ideal, a não ser quando o texto é pensado dentro de uma economia tipográfica particular: O *lance de dados* de Mallarmé, a poesia Dada ou a poesia conceitual de Carl André e Bernard Venet.

Mas então o que Norman nos dá a ver? Ele nos mostra o traço de sua escrita, o próprio grafismo. Dito de outra forma, o gesto da mão, o movimento do corpo que escreve e desenha ao mesmo tempo, um tremor, uma continuidade e uma hesitação. Trata-se quase de um traço sismográfico, cuja mão é a ferramenta, o estilete, tal como sugere o filme de Devaux com suas tomadas rentes ao chão. Escrever deslocando-se faz-nos pensar também que existe um estilo de deslocamento, assim como se diz de estilo de escrita. Em seu belo livro sobre *A invenção do cotidiano*, Michel de Certeau questiona, em 1980, diversas estratégias de reviravoltas da sociedade de consumo, mostrando que o consumidor não é apenas aquele ser estúpido e passivo, como o imaginamos ser de vez em quando, mas que ele cria suas próprias redes de sentido, pratica uma arte da trapaça e coloca em prática táticas de desregramento do poder. Certeau (1980, p. 183-184) refere-se, por exemplo, às composições de espaço do caminhante urbano que são tanto grafias quanto enunciações pedestres: "Os caminhos dos passantes apresentam uma série de voltas e desvios assimiláveis a 'reviravoltas' ou a 'figuras de estilo'. Há uma retórica da caminhada. A arte de 'formar' frases se equivale à arte de formar percursos".

A implicação física de Norman em sua obra é considerável: anteriormente alpinista profissional, Norman teve de pôr fim à sua atividade em função de problemas respiratórios graves que colocaram verdadeiramente a sua vida em perigo. Escrever, copiar, deslocar-se em parte curvado, seria mais repousante? Certamente não. Andar e escrever um dia inteiro são provas físicas que provocam a sensação sublime de vertigem da escalada, transposta sobre um plano horizontal. Dentre seus autores preferidos, está Thomas Bernhard, escritor austríaco, pulmonar, cuja letra[3] é um fluxo contínuo, um ritmo a seguir-se de forma tão física quanto cansativa. E se o "pintor emprega" seu corpo em sua obra, para retomarmos a fórmula inicial de Paul Valéry, pode-se dizer que o escritor também o faz à sua maneira: escrever é uma atividade muito mais física do que se imagina comumente.

---

3. NT: optamos traduzir *phrase* por "letra" (e não por "frase") por considerar que na língua portuguesa a palavra "frase" designa menos o gesto do que o encadeamento de significantes (conteúdos). Parece-nos que na língua francesa, e aqui no presente texto, o sentido de *phrase* acolhe mais a singularidade do gesto/enunciador.

A escolha de um texto tal como *Ulisses* de Joyce chama necessariamente a atenção. Pode-se dizer que com essas linhas escritas, essas escritas fora do padrão, Norman, ao mesmo tempo, extrai o texto de Joyce de sua forma, aquela do códex, do volume fechado, levando a cabo a lógica de desterritorialização desse texto. Deleuze e Guattari (1980, p. 34) distinguem, em *Mil Platôs*, o livro como imagem do mundo (ideia um pouco amena, eles notam) do livro-rizoma: esse não pretende imitar ou conter o mundo, ele faz agenciamentos com o mundo, e não cópias. Quer dizer, o livro (aqui, o *Ulisses* reescrito sobre os chãos das cidades do mundo inteiro) é necessariamente fragmentário, múltiplo, conectado com o fora, e não mais aprisionado em um mito romântico da interioridade fechada e da autonomia suficiente:

> Em suma, dizem eles, parece-nos que a escrita jamais se fará suficiente em nome de um fora. O fora não tem imagem, nem significação, nem subjetividade. O livro, agenciamento com o fora, contra o livro-imagem do mundo. Um livro-rizoma, e não mais dicotômico, pivotante ou fascículo.

Ocorre que quando ele escreve seus capítulos, disseminando-os pelo mundo afora, os pedestres andam sobre o texto sem perceber, levando, assim, palavras sob as solas de seus sapatos...

O próprio texto de Joyce autoriza, sem dúvidas, essa desterritorialização física e nômade da escrita, ao propor uma história que dura 24 horas sob a forma de um passeio por Dublin; o relato é uma errância interior, um fluxo de consciência fora dos padrões e, afinal, sem nexo de pontuação.

*

Reescrever na errância programada um dos maiores textos de errância do século XX é justamente enodar caminhar e escrever. É nisso que Jean-Christophe Norman reencontra, sem saber, um projeto utópico de Gérard de Nerval, narrado por Théophile Gautier. Trata-se de escrever sobre o caminho e de escrever ao mesmo tempo o caminho percorrido em uma dupla conjunção entre o gesto escultural e o corpo em movimento.

Nerval trabalhava caminhando e de tempo em tempo ele parava bruscamente, procurando, em algum de seus bolsos profundos, um caderninho de papel costurado, e nele escrevia um pensamento, uma frase, uma palavra, um lembrete, um signo inteligível, só para ele e, fechando o caderno, retomava seu rumo cada vez mais bonito. Era a sua maneira de compor. Mais de uma vez o escutamos manifestando o desejo de caminhar na vida ao longo de um imenso novelo se desdobrando pouco a pouco atrás dele, sobre o qual ele anotaria as ideias que lhe viessem em trânsito, de maneira a formar, ao final do caminho, um volume de uma linha apenas. (Gautier, 2011, p. 68)

Referências

BAUDELAIRE, Charles. "Les foules". *Le Spleen de Paris*. Paris: Gallimard, Bibliothèque de la Pléiade, 1975, t. I.

_____. *Le Peintre de la vie moderne*. Paris: Gallimard, Bibliothèque de la Pléiade, 1976, t. II.

CERTEAU, Michel de. *L'Invention du quotidien. 1. Arts de faire*. Paris: 10/18, 1980.

DAVILA, Thierry. *Mundo Diffuso Jean-Christophe Norman*. Nantes: Zéro2 éditions, 2019.

DELEUZE, Gilles; GUATTARI, Félix; PLATEAUX, Mille. *Capitalisme et schizophrénie 2*. Paris: Minuit, 1980.

GAUTIER, Théophile. *Histoire du romantisme*. Paris: Le Félin, 2011.

KANT, I. *Critique de la raison pure*. Trad. Alexandre J.-L. Delamarre et François Marty. Paris: Gallimard, Bibliothèque de la Pléiade, 1980, t. I.

_____. *Crítica da razão pura*. Trad. Valério Rohden e Udo Baldur Moosburger, 2. ed. São Paulo: Abril Cultural, 1983.

MERLEAU-PONTY, Maurice. *L'Œil et l'esprit*. Paris: Gallimard, 1964.

ROUSSEAU, Jean-Jacques. *Les Confessions*. Paris: Gallimard, Bibliothèque de la Pléiade, 1959, t. I.

VALÉRY, Paul. *Variété V, in Variété III, IV et V*. Paris: Folio Essais, Gallimard, 2002.

Da economia cenobítica à "Partilha do sensível":
para uma arqueologia da estética de Jacques Rancière

Rodrigo Duarte

Antes do aparecimento de *A partilha do sensível*, em 2000, Jacques Rancière era menos conhecido como filósofo da estética do que como historiador do movimento operário oitocentista francês, por efeito de *A noite dos proletários* (1981), e como pensador da política, em virtude de obras como *O desentendimento* (1995). Outro setor, no qual Rancière fez nome, foi a pedagogia, principalmente tendo em vista o seu livro *O mestre ignorante* (1987). Se se considera a série de obras posteriores a *A partilha do sensível*, tais como *O inconsciente estético* (2001), *O destino das imagens* (2003), *O mal-estar na estética* (2004), *O espectador emancipado* (2008), *Aisthesis* (2011) e *As bordas da ficção* (2017), pode-se formar a ideia desse filósofo francês como um autor que, quase repentinamente, deu uma guinada em direção à estética. Levando-se em consideração o que parece ser um equívoco na compreensão do pensamento de Rancière como um todo, o objetivo deste texto é mostrar que, desde o início de sua carreira intelectual, algumas das ideias basilares, expostas nas suas obras posteriores, de estética, já estavam presentes *in nuce* em livros bem anteriores e aparentemente desconectados desse tema, como *A noite dos proletários* (1981), especialmente no que tange à discussão sobre a possibilidade de coexistência entre o trabalho corporal e a atividade intelectual.[1]

A noite dos proletários – fruto de extensa e minuciosa pesquisa em arquivos sobre movimentos operários franceses no século XIX – foi o trabalho apresentado por Rancière como tese doutoral em 1981, o qual, numa escrita predominantemente mais literária do que acadêmica, enfoca os anseios dos trabalhadores daquele período, influenciados por doutrinas saint-simonistas, fourieristas e icarianas, no sentido de não apenas melhorarem as suas condições materiais de vida, mas também – talvez principalmente – adquirirem domínio sobre meios de expressão intelectual, especialmente da escrita.

O que chama imediatamente a atenção nessa obra é a posição de Rancière – no rastro da discordância com o seu antigo mestre Louis Althusser – no sentido de não submeter imediatamente as vicissitudes dos protagonistas de sua narrativa a uma interpretação de cunho marxista, a qual tendia, naquele contexto, a um formalismo que diria muito mais sobre os intelectuais identificados com a causa operária do que sobre as condições reais de vida dos trabalhadores e de suas perspectivas de emancipação. Sobre esse fato, Rancière (1988, p. 24) indaga:

> E não foi isso, a princípio, que motivou esse trabalho: captar nos gestos do ofício, nos murmúrios da oficina, nos deslocamentos para o trabalho, nas configurações e nos regulamentos da fábrica os jogos da dominação e da resistência que definem, ao mesmo tempo, a materialidade da relação entre as classes e a idealidade de uma cultura de luta?

---

[1]. Há duas exceções no que tange à inexistência de obras que enfocam temas estéticos antes de *A partilha do sensível*. A primeira é: *La chair de mots. Politiques de l'écriture*, publicada na França em 1998. Antes mesmo disso, há um livro, publicado apenas em português, com conteúdo análogo (e mesmo parcialmente coincidente) com a edição francesa, intitulado *Políticas da escrita* (Rio de Janeiro: Editora 34, 1995). A segunda exceção é: *La parole muette: essai sur les contradictions de la littérature* (Paris: Hachette Littératures, 1998).

Outro elemento que distingue *A noite dos proletários* é a ideia de que a tradicional questão metafísica sobre as relações entre corpo e alma, presente na história da filosofia, de Platão ao pensamento contemporâneo, ganha uma dimensão muito mais concreta quando abordada diretamente pelos operários, os quais sentem na pele o dispêndio de sua energia corpórea para realizar um trabalho que, no final das contas, apenas os mantém vivos – abordagem que só é viável à medida que o seu sonho de se formar – i.e., adquirir a *Bildung* – ganha um grau mínimo de possibilidade. A esse respeito, Rancière (1988, p. 31) afirma que

> É por isso que esses problemas metafísicos, que parecem bons para os bispos que encontram a ceia pronta, são bem mais essenciais para os que partem cedo em busca do trabalho que garante a ceia da noite. Quem melhor do que os que alugam seu corpo dia após dia poderia dar sentido às dissertações sobre a distinção entre o corpo e a alma, o tempo e a eternidade, a origem do homem e seu destino?

Uma das características principais do posicionamento de Rancière em *A noite dos proletários* é que, a julgar pela posição assumida pelos protagonistas de suas narrativas, o modo correto de manter a referida concreção na abordagem das supramencionadas questões, como, por exemplo, a das relações entre corpo e alma, seria conciliar o trabalho braçal simultaneamente com a atividade intelectual adequada ao referido enfoque. Nesse sentido, é de crucial importância a ideia de que, por diversas razões, o trabalho intelectual alijado do manual constitui-se num tipo de alienação que guarda semelhança com aquela associada à exploração do trabalho pelo capital, o que justifica a afirmação de Rancière (1988, p. 81) de que "Na fronteira comum do trabalho e do não trabalho, da obra das mãos e da obra do pensamento, uma mesma doença torna os destinos do operário e do escritor igualmente mortais".

Um primeiro indício que corrobora essa tese central de *A noite dos proletários* materializa-se no conteúdo de um conto, intitulado "*Une Vie*

Perdu" ("Uma vida perdida"), assinado pelo "pastor proletário" (Rancière, 1988, p. 28) Pierre Vinçard, publicado num dos periódicos operários pesquisados por Rancière, *La Ruche Populaire*, o qual narra a história de Georges, um aprendiz de marceneiro, sem qualquer talento para esse ofício, que almejava se tornar escritor. Mesmo depois de advertido por seu tutor, Urbain, de que ele deveria tentar conciliar sua atividade intelectual com a marcenaria, Georges, anteriormente dedicando-se à literatura enquanto vivia à custa da namorada que engravidara, consegue emprego de redator num jornal e abandona definitivamente a companheira e o mundo proletário. A moral da história é que, diferentemente de trabalhadores que morreram pelo ideal de, continuando a sê-lo, dedicarem-se ao cultivo do intelecto, Georges perdeu a sua vida num sentido metafórico, na medida em que, subordinado aos ditames dos editores, não podia mais ter opinião própria, privando-se, com isso, de toda e qualquer autonomia intelectual. De acordo com a narrativa de Rancière (1988, p. 82),

> A cena principal da história é aquela em que Urbain, indo chamar Georges a seus deveres de namorado e de pai, o encontra em companhia do Outro absoluto, aquele que não vive de suas próprias mãos, nem tampouco do seu pensamento, mas apenas do pensamento dos outros: o articulista que, armado de bengala e charuto, vem pressionar Georges a denegrir a obra de um autor que desagrada a seus superiores. Georges, que pretendia elogiá-lo, se contentará em não dizer nada de bom. Mas isso significa não fazer nada: o articulista é um ser desprovido da reserva que permite ao marceneiro só trabalhar para o patrão em troca de dinheiro, de investir no mesmo gesto o zelo que o torna quite com seu trabalho e o furor que libera seu pensamento. Quem vive do trabalho das próprias mãos pode usar os braços contra o pensamento dos senhores ou o pensamento contra a materialidade do seu trabalho.

O trecho acima começa a desnudar uma das teses principais de todo o livro *A noite dos proletários*, a saber, que a vantagem decisiva da realização da atividade intelectual simultaneamente ao trabalho braçal é a independência conquistada em relação a todas as possíveis coerções por parte dos poderes constituídos, pois só se tem satisfações a dar a si próprio, à própria capacidade muscular e cerebral, uma vez que "(...) representa uma formidável prova diária alugar seu corpo sem alienar seu pensamento (...)" (Rancière, 1988, p. 82).

De todos os muitos protagonistas da narrativa rancièriana – operários e operárias fourieristas e saint-simonistas com projetos intelectuais – destaca-se o marceneiro Gabriel Gauny, defensor explícito e veemente da posição de que a verdadeira autonomia espiritual só pode ser alcançada à custa do próprio trabalho manual e/ou braçal. O seu nível de consciência a esse respeito é tão elevado que ele, voluntariamente, deixou de trabalhar como diarista, em oficinas vigiadas por capatazes do capital, para exercer o seu ofício apenas por empreitada, como assentador de pisos, não raro com remuneração inferior à do diarista, mas com a possibilidade de permitir-se um melhor controle sobre a sua atividade, tanto do ponto de vista cronológico quanto topológico: "O taqueador tem o mesmo corpo a alimentar que o diarista, e seus gestos, para conseguir isso, não devem ter uma menor movimentação. Mas o domínio do seu tempo e a solidão de seu espaço mudam a natureza dessa febre e invertem a relação de dependência" (Rancière, 1988, p. 85). Naturalmente, há um preço a pagar por essa independência, pois, nas palavras do próprio Gauny (2017, p. 61), "Esse taqueador, dando espaço para o pensamento, cada dia mortifica mais seu corpo", valendo a pena o seu esforço na medida em que "Ele mortifica seu corpo para dar asas à sua alma" (Rancière, 1988, p. 86).

Mas a mortificação do seu corpo não é o único problema que o trabalhador por empreitada enfrenta: associado à supramencionada menor remuneração, encontra-se o fato de que esse tipo de labuta tem uma sazonalidade maior do que a do diarista e ocorre sob a ameaça de longos períodos sem oferta de tarefas e, portanto, sem a possibilidade da obtenção de ganhos suficientes para a sobrevivência mais básica. A solução proposta por Gauny passa pelo que ele denominava "economia cenobítica", a saber, um direcionamento da vida material para uma frugalidade extrema, inspirada pelos cenobitas (do grego, κοινόβιο, de κοινός, "comum", mais βίος, "vida") – monges que compartilhavam interesses e princípios comuns e viviam em *coenobĭa*, i.e., comunidades monásticas distantes das aglomerações urbanas.² Mas, diferentemente desses monges retirados em locais ermos, Gauny propunha-se a viver nas cidades, apenas assumindo um controle consciente e racional, ainda que flexível, sobre seus carecimentos corpóreos, o que, a seu juízo, libertaria o seu espírito para as mais estimulantes aventuras intelectuais. Nos excertos de seu ensaio "*Économie cénobitique*", editados por Rancière no livro *Le philosophe plébéien*, Gauny sublinha que a solidão desse cenobita moderno e urbano resume-se à ausência das responsabilidades na manutenção de uma prole, uma vez que ele deve viver em cidades nas quais haja uma estabilidade satisfatória dos preços dos gêneros alimentícios indispensáveis:

> Supõe-se, assim um homem são de corpo e constituído pela independência e pelo pensamento: essas duas alegrias inenarráveis, infinitas como a sua causa! Esse homem habita uma capital, onde se conserva o preço médio dos víveres. Admite-se que ele funcione nessa economia sem responsabilidade de família e sem essas falsas conveniências do mundo [...]. (Gauny, 2017, p. 126)

---

2. Cabe relembrar, nesse sentido, a distinção entre três tipos de monges cristãos, oriundos da Antiguidade e amplamente praticados na Idade Média: os cenobitas, os anacoretas e os eremitas. Na sua comunicação "O Eremitismo em perspectiva comparada: Isidoro de Sevilha e Valério do Bierzo", Juliana Salgado Raffaeli afirma que, "A melhor 'conduta' do ponto de vista do discurso de Isidoro de Sevilha estava associada ao cenobitismo. [...] Esse modelo estava associado a uma vida em isolamento compartilhado com iguais, com demonstrações de humildade, paciência e submissão à autoridade abacial e à regra monástica. O eremitismo e o anacoretismo eram considerados bons modelos em suas formas ideais, vinculadas às referências bíblicas e seus precursores do cristianismo oriental. Na distinção isidoriana, o eremitismo seria uma forma monástica na qual o ascetismo era praticado em isolamento, fora do espaço monástico e longe da convivência humana. Já o anacoretismo, seria o afastamento posterior à experiência cenobítica, em uma cela, dentro do espaço monástico e fora da convivência comunitária". Cf. http://www.snh2015.anpuh.org/resources/anais/39/1434338999_ARQUIVO_JulianaRaffaeliArtigoSimposioNacionalDeHistoria2015.pdf.

Na sequência – e no espírito – desse pronunciamento, Gauny (2017, p. 127) apresenta uma proposta concreta de gerenciamento dos gastos pessoais tendo em vista a sobrevivência física sem miséria, mas também sem itens dispensáveis, a qual contempla gastos com aluguel, alimentação, calçados (quatro pares por ano, necessários para as longas distâncias percorridas a pé em busca de trabalho), vestuário, lavanderia, iluminação e calefação. Sobre o posicionamento de Gauny favorável ao trabalho por empreitada e à "economia cenobítica", agora retornando à conexão com a discussão empreendida em *A noite dos proletários*, Rancière (1988, p. 120) comenta:

> O rebelde taqueador escolheu a primeira via, longe das solidariedades familiares e corporativas, longe das humilhações e das raivas da oficina, bem como das práticas reivindicatórias apoiadas nos orçamentos domésticos. A economia cenobítica também tem essa função substitutiva: a compressão das necessidades do corpo, aumentando a força espiritual da revolta, devolve à alma a superabundância que o elo da amizade não lhe dá mais.

A essa altura, o leitor – já ciente da conexão da "economia cenobítica" com a corporeidade de seu adepto – pode perguntar-se: o que tudo isso tem a ver com a estética? O começo da resposta a essa questão pode ser encontrado em muitas passagens tanto dos escritos de Gauny quanto de *A noite dos proletários*; mas há um trecho do "filósofo plebeu", citado nesse livro, que pode ser considerado emblemático quanto à inspiração gaunyana, recebida por Rancière, e que desvenda a conexão com as suas obras posteriores de estética. Nele, Gauny (2017, p. 61) descreve a possibilidade de uma profunda fruição estética entremeada ao seu exaustivo trabalho de taqueador: "Acreditando estar em casa, enquanto não acaba o cômodo onde coloca os tacos, ele aprecia sua disposição; se a janela dá para um jardim ou domina um horizonte pitoresco, por um momento para os braços e plana mentalmente na espaçosa perspectiva para apreciar, melhor do que os proprietários, as casas vizinhas" (Rancière, 1988, p. 86).

Essa passagem remete ao impacto da posição de Gauny, exposta em *A noite dos proletários*, sobre a estética "madura" de Rancière (2009b, p. 62), se bem que, em *A partilha do sensível*, esse impacto só se faz sentir de um modo indireto, concernente ao que ele chamou de "encontro complexo entre os engenheiros da utopia e os operários". No que tange ao conteúdo dessa influente obra de Rancière (2009b, p. 27), pode-se constatar um desenvolvimento histórico, desde os primórdios da civilização ocidental, a partir do qual os poderes constituídos prescreveram, em momentos específicos, "regimes" próprios de regulação das relações entre o visível e o dizível, o que, na prática, significava determinar quem veria o que e quando. A esse processo ele deu o título de "partilha do sensível" – homônimo da obra –, segundo o qual se sucederam, desde a Grécia Antiga até o presente, "regimes" específicos de relacionamento entre o que se pode perceber e o que se diz sobre essa percepção.

O primeiro deles, o "regime ético", corresponde à censura platônica à *mímesis*, a qual, na prática, significava restrições às manifestações artísticas em nome de certos princípios morais, epistemológicos e/ou ontológicos. O segundo tipo, denominado por Rancière "regime poético" (ou representativo), designa o momento imediatamente posterior a Platão, no qual Aristóteles – reconciliado com a *mímesis* – prescreve, em sua *Poética*, os meios para a realização de uma obra de arte bem-sucedida (especialmente uma tragédia) e adequada ao seu público-alvo, regime que teria perdurado até um momento relativamente tardio da Idade Moderna do Ocidente. Ao terceiro modo de adequação entre perceptos e discursos, Rancière (2009a, p. 64) deu o nome de "regime estético", o qual se estende desde, aproximadamente, meados do século XVIII até nossos dias, e pode ser entendido também como uma dissociação entre a *áisthesis* e a *poíesis*, o que, dentre outras coisas, significa que os apelos estéticos agora independem de um domínio de *métier* por parte de autores de *obras*, podendo estar difusos por toda a sociedade e toda a cultura. As repercussões da supramencionada dissociação, a qual faculta uma liberdade de criação e de recepção de objetos estéticos até então inédita, se tornarão mais claras adiante.

Observa-se, por outro lado, que as relações entre o conteúdo de *A noite dos proletários* e o de *A partilha do sensível* permaneceram apenas implícitas até que, num outro livro de Rancière, totalmente inserido no momento "estético" do seu pensamento, *O espectador emancipado*, ele se refere, como se verá adiante, a *A noite dos proletários* como fonte primordial de sua estética. No ensaio que dá nome a esse livro, Rancière (2010, p. 9) realiza uma discussão específica sobre o teatro, principalmente no tocante à posição do espectador, em relação ao qual ocorre o paradoxo de, por um lado, não existir teatro sem ele; por outro, de a própria palavra implicar numa condição de passividade: de alguém que apenas observa sem agir: "Ser espectador é estar separado ao mesmo tempo da capacidade de conhecer e do poder de agir".

Embora sem recorrer à nomenclatura de *A partilha do sensível*, Rancière aponta para o que nessa obra ele chamou de "regime ético" da arte, ao lembrar da censura platônica à mimese, com o consequente juízo de que o teatro é um mal em si mesmo por ser um local de ilusão institucionalizada no qual ao público é oferecido um *pathos* que o afasta do conhecimento e da ação. Igualmente sem se valer dos termos de sua obra de estética mais famosa, Rancière parece, em seguida, reportar-se ao chamado "regime poético" (ou representativo) da arte, ao assinalar que o ponto de vista que sucedeu a Platão e consolidou-se ao longo dos séculos é o de que o teatro não é um mal em si mesmo, mas o espectador deve ser retirado de sua passividade por efeito de estratégias específicas dos seus realizadores. Dois dos recursos mais famosos com vistas a essa finalidade são, segundo Rancière (2010, p. 11), as estratégias opostas de Brecht e de Artaud, sendo que, na primeira, trata-se de instituir uma atividade, antes de tudo, intelectual, como a de "alguém que observa os fenômenos e investiga as respectivas causas"; na estratégia de Artaud, por outro lado, a atividade do espectador é instaurada primeiramente pelo impacto da representação na sua afetividade, devendo ele ser "arrastado para dentro do círculo mágico da ação teatral" (Rancière, 2010, p. 11).

A constatação de que nas duas posições antípodas, de Brecht e de Artaud, há um pressuposto comum, que é a presunção de que os dramaturgos e atores são mediadores na transição entre a passividade e a atividade do seu público, leva Rancière a estabelecer um paralelo entre a sua discussão sobre o espectador com a supramencionada obra de pedagogia, *O mestre ignorante*. Esse livro, inspirado por Joseph Jacotot, "que fizera escândalo no início do século XIX ao afirmar que um ignorante podia ensinar a outro ignorante aquilo que ele próprio não sabia" (Rancière, 2010, p. 7), contribui para o enfoque de Rancière (2010, p. 23), o qual declara que: "O que o aluno deve *aprender* é o que o mestre lhe ensina. O que o espectador *deve ver* é o que o realizador lhe *dá a ver*". Em virtude da ideia de que o espectador só é passivo – ignorante – na medida em que a instituição teatro o coloca nessa posição, até mesmo quando ela se propõe, como nas posições antagônicas de Brecht e de Artaud, a romper com a suposta passividade da plateia diante delas e de outras estratégias equivalentes, Rancière coloca a seguinte questão: "não seria possível inverter os termos do problema, perguntando se não será precisamente a vontade de suprimir a distância que cria a distância?". Se nesse ponto ainda houvesse alguma dúvida de que o filósofo tem em mente, aqui, a sua noção de "partilha do sensível", ela se dissipa quando Rancière (2010, p. 21) a menciona explicitamente:

> Por que assimilar escuta e passividade, senão por via do preconceito segundo o qual a palavra é o contrário da ação? Essas oposições – olhar/saber, aparência/realidade, atividade/passividade – são algo completamente diferente de oposições lógicas entre termos bem definidos. Definem propriamente uma partilha do sensível, uma distribuição *a priori* das posições e das capacidades e incapacidades ligadas a essas posições. São alegorias encarnadas da desigualdade.

Estabelecido esse liame entre *A partilha do sensível* e *O espectador emancipado*, resta mostrar como essa obra associa-se visceralmente com *A noite dos proletários*. Isso ocorre, primeiramente, em virtude da exigência de "reconhecer o saber que opera no ignorante e a atividade própria do espectador", o que leva Rancière (2010, p. 28-29) a rememorar o percurso que o motivou, ainda na década de 1970, a pesquisar em arquivos do movimento operário francês, tendo em vista, a princípio, "apreender junto dos indivíduos que trabalhavam e lutavam nas fábricas o sentido da exploração e da rebelião". Nesse trabalho, que não era nada mais nada menos do que a pesquisa que gerou a tese doutoral, publicada em 1981 sob o título de *A noite dos proletários*, Rancière descobriu que, pelo menos no que dizia respeito a Gauny e a alguns dos protagonistas de sua narrativa, a exigência de conciliar o trabalho braçal com a atividade intelectual tinha uma motivação antes de tudo estética, num sentido amplo, porém frutífero do termo, a qual se manifestava no tempo livre desses trabalhadores:

> Tratava-se, antes, de uma incursão numa espécie inteiramente diferente de lazer: o lazer dos estetas, que tiram prazer das formas, das variações de luz e das sombras da paisagem, o lazer dos filósofos, que se instalam num albergue rural para aí desenvolverem hipótese metafísicas, o lazer dos apóstolos, que se aplicam na comunicação da sua fé a todos os companheiros que encontram ao acaso da caminhada ou do local onde pernoitam. (Rancière, 2010, p. 30)

Para que não pairem dúvidas sobre a íntima conexão entre *O espectador emancipado* e *A noite dos proletários*, vale lembrar que o mesmo trecho de Gauny (2017, p. 61) sobre a fruição estética do taqueador num pequeno intervalo do seu exaustivo trabalho, citado por Rancière (2010, p. 92) em *A noite dos proletários*, reaparece no ensaio "Os paradoxos da arte política", que integra o livro *O espectador emancipado*, em conexão explícita com o regime estético da arte, no tocante ao que o filósofo chama de "eficácia estética da arte": "a eficácia da própria separação, da descontinuidade entre formas sensíveis da produção artísticas e as formas sensíveis através das quais essa mesma produção é apropriada por espectadores, leitores ou ouvintes" (Rancière, 2010, p. 85).

Referências

GAUNY, Gabriel. *Le philosophe plébéien. Textes rassemblés et présentés para Jacques Rancière*. Paris: La Fabrique Editions, 2017.

RANCIÈRE, Jacques. *A noite dos proletários. Arquivos sobre o sonho operário*. São Paulo: Companhia das Letras, 1988.

_____. "Aesthetic Separation, Aesthetic Community", In: *The Emancipated Spectator*. Trad. De Gregory Elliot. London/ New York: Verso, 2009a.

_____. *Aisthesis. Scènes du régime esthétique de l'art*. Paris: Galilée, 2011.

_____. *A partilha do sensível. Estética e política*. Trad. Mônica Costa Netto. São Paulo: EXO Experimental/ Editora 34, 2009b.

_____. *La chair de mots. Politiques de l'écriture*. Paris: Galilée, 1998.

_____. *Les bordes de la fiction*. Paris: Éditions du Seuil, 2017.

_____. *Malaise dans l'esthétique*. Paris: Galilée, 2004.

_____. *O desentendimento*. Trad. Ângela Leite Lopes. 2a Edição, São Paulo: Editora 34, 2018.

_____. *O destino das imagens*. Trad. Mônica Costa Netto. Rio de Janeiro: Contraponto, 2012.

_____. *O espectador emancipado* . Trad. José Miranda Justo. Lisboa: Orfeu Negro, 2010.

_____. *O inconsciente estético*. Trad. Mônica Costa Netto. São Paulo: Editora 34, 2009.

_____. *O mestre ignorante. Cinco lições sobre a emancipação intelectual*. Trad. Lílian do Valle. Belo Horizonte: Autêntica, 2017.

_____. *O espectador emancipado*. Trad. José Miranda Justo. Lisboa: Orfeu Negro, 2010.

_____. *Políticas da escrita*. Trad. Raquel Ramalhete, Laís Eleonora Vilanova, Lígia Vassalo e Eloisa Araújo Ribeiro. Rio de Janeiro: Editora 34, 1995.

Algo impossível:
artes ou corpo(s)[1]

Kathia Hanza[2]

Gostaria de iniciar explicando o título do meu trabalho. Ele molda-se ao tema geral deste congresso (Artes do Corpo, Corpos da Arte), mas faz isso assinalando uma disjunção que qualifico como impossível: a de escolher entre artes ou corpos. Em poucas palavras, a ideia é a de que não pode haver artes sem corpo, nem corpos sem arte. A primeira (a de que, para todas as artes, o corpo é indispensável) é muito mais óbvia do que a segunda (a de que não pode haver corpos sem arte). Para a segunda, "corpo" possui um significado vasto, pois se refere à experiência que os humanos forjam com seus corpos; mas também preciso uma vez que, em longo prazo, trata-se de compreender o corpo em sua condição humana; vale dizer, aceitar que somos humanos porque temos um corpo.[3] Ao aceitá-lo,

---

1. Tradução de Talita Rocha e revisão de Pedro Hussak.
2. Nota da editora: Para visualizar as imagens do texto, é necessário ter um aplicativo de leitura de QR Codes instalado no celular.
3. Essa é, como é bem sabido, uma das teses principais que Nietzsche busca fazer valer. Indo contra os devaneios da metafísica, do niilismo passivo, o homem pode aventurar--se a traçar um "sentido da terra" que parte de reconhecer-se não como "espírito", mas, sobretudo, como corpo. O corpo é o "fio condutor" de uma exploração que enfraquecia as raízes da metafísica, mas que, sobretudo, imagina o humano como "sentido da terra", sem que, por isso, o humano não se erija por meio de privilégio acima dos demais seres (cf. Wotling *in* Goddard, 2005, p. 169-190; Gerhardt, 2012, p. 93-122).

apagamos a diferença entre homens e animais. Talvez por isso, duas das principais abordagens filosóficas contemporâneas, a fenomenologia e o existencialismo, dedicaram-se a delinear a "condição humana". Acredito, entretanto, que com o decorrer do tempo, muitas vezes o que se escapa dessas abordagens seria o terceiro termo: as artes. Pois são, depois de tudo, as que sustentam a diferença entre os homens e animais. Certamente, assinalar as diferenças não significa, de modo algum, estabelecer uma preeminência entre homens e animais.

Caso eu leve em consideração uma disjunção impossível (e a complexa tessitura de problemas presentes que traz consigo), é porque me pergunto também como pensar a união – de modo completamente claro – entre artes e corpos. O que principalmente faz-se relevante é como pensar de modo frutífero, as artes e os corpos. Eles seguem unidos, mas como? Não acredito que nos ajude muito nem a ontologia da condição humana, nem a hermenêutica da experiência estética para esclarecer tal união. Basicamente, porque a hermenêutica ou a ontologia da condição humana privilegiam o sentido (na obra e no homem). Talvez se fizerem uma estética material (que é como se pode qualificar alguns trabalhos de Walter Benjamin), ou uma "poética do sensível" (cf. Dias, 2001) (à maneira de Merleau-Ponty ou também Paul Valéry).[4] Fundamentalmente, porque ambas atendem à materialidade da experiência estética (tanto na "obra" como em sua ressonância anímica em nossos corpos). Assim, essas posturas são mais abertas para perceber o que as manifestações artísticas tornam reais. Entretanto, não seguirei com este trabalho o caminho que Benjamim e Valéry traçam. Concentrar-me-ei em determinadas abordagens sobre e em práticas artísticas concretas para fazer uma crítica de qualquer condição "originária" entre artes e corpos.

Em um primeiro momento, analisarei o que chamo de tentação por uma "origem" (*Ursprung*). O termo coloca-nos diretamente no terreno do pensa-

---

4. Lamentavelmente, neste trabalho não será possível deter-me mais profundamente em Valéry, cujas obras *Discurso sobre estética*; *Degas, danse, dessin* e *A alma e a dança* são fundamentais.

mento alemão sobre arte, principalmente nas ideias de Heidegger, embora não exclusivamente, como teremos ocasião de ver. Fazendo uma crítica à noção de origem, gostaria de demonstrar, com exemplos, como resulta mais frutífera uma atenção maior às próprias manifestações artísticas do que uma ênfase somente na condição humana ou em uma relação fundante entre o mundo humano e a arte.

Em um segundo momento, me ocuparei da manifestação artística na qual, por excelência, os corpos são os elementos que mais importam: a dança. Apoiar-me-ei em algumas ideias de Didi-Huberman para conceber uma crítica de outro risco, desta vez referente à dança: congelá-la em uma experiência arcaica e fundante. Aqui, além de Didi-Huberman, serão importantes Merleau-Ponty e Marcel Duchamp.

Para uma crítica da "origem"

Partamos para a questão da "origem". Coloquemos como caso um autor pouco conhecido, Dieter Jähnig.[5] Sua dívida com Heidegger é absolutamente evidente, pois afirma, com ele, que a arte é história. Entretanto, não partilha totalmente da tese de Heidegger, porque, instruído por Burckhardt e Nietzsche, tem desconfianças em atribuir à arte uma origem, uma essência originária. A arte é história, todavia não porque abra um destino histórico.[6] Sendo assim, como salientou Burckhardt, a arte é

---

5. É um autor conhecido para os que estudam Schelling e algo conhecido para quem estuda Nietzsche e Heidegger. O livro que consideramos aqui é: *Historia del arte: historia del mundo* (Jähnig, [1975], 1982).
6. "A origem da obra de arte" constitui um ensaio fundamental de Heidegger sobre a arte. Um bom estudo sobre este problema que aqui nos toca (arte e história) é o livro de José Luis Molinuevo (1988), *El espacio político del arte*. É interessante observar que o livro de Molinuevo adota uma perspectiva muito distinta do trabalho como o de Joseph J. Kockelmans (1985). Kockelmans elabora em sua primeira parte uma narrativa sobre a história da estética para colocar o contexto histórico do pensamento de Heidegger sobre a arte. Reserva a segunda parte para explicar a tese central de Heidegger: qual é a essência da obra de arte. Molinuevo, em contrapartida, coloca o problema da arte em termos históricos: dá conta dos movimentos artísticos na época de Heidegger, de seus atores e do pano de fundo geral, a arte na época do niilismo. A partir daí, em seus últimos capítulos, se ocupa do confronto com Nietzsche.

uma potência em conjunção com outras, não possui uma essência a-histórica. É esclarecedora em relação à existência humana, mas desde que seja entendida por meio de uma conexão com outras potências, todas elas históricas. Nietzsche, certamente, não sustenta uma tese diferente. Uma tese, poderíamos afirmar, historicista. Agora, sim, seu historicismo é algo irrelevante para esta discussão, pois o que interessa é seu propósito: aclarar o caminho para se prestar atenção na particularidade, na singularidade das próprias manifestações artísticas.

Uma consequência do historicismo antes descrito é que se aprende muitas coisas sobre as próprias artes. Os casos paradigmáticos são o de Burckhardt, como professor, e de Nietzsche, como filólogo e amante de música. O ponderado professor quer servir de cicerone para alcançar [o efeito] em sua audiência da apreciação de obras de arte pelo que elas são: uma feitura complexa, própria da "potência" dinâmica da cultura em conjunção com outras "potências", conservadoras e estáveis como o "Estado" e a "Religião" (cf. Burckhardt, 1978). Nietzsche, o filólogo e amante de música, vai reparar como um artesão na feitura de certas obras literárias e musicais. Não formulará uma teoria estética, mas se interessará por casos singulares, pois lhe permitem detectar o que transluzem as manifestações artísticas especificamente das experiências humanas. Encontrará a forma de levar suas ideias para a prática, pois colocará, neste caso, Wagner, sobre cuja arte, diz, "Fala a modernidade sua *íntima* linguagem" (Nietzsche, 2002, p. 22). A razão: a arte de Wagner, com poucas exceções, não é uma arte para artistas. Atrás desse juízo está a ideia de uma arte que se impregna das mesmas qualidades que dão valor à vida. Afirmando de maneira muito simples: nas artes, como na vida, dá-se forma ao caos.

Jähnig, por certo estudioso de Burckhardt, Nietzsche e Heidegger, corrobora a opinião desse último na ideia de que a arte é história; contudo, com Burckhardt e Nietzsche, faz prevalecer o estudo e a atenção sobre as próprias obras.

Os edifícios, praças, rastros e utensílios não eram [durante um grandíssimo lapso de tempo e antes da teoria platônica sobre a *mímesis*] imagem ou expressão de algo pré-estabelecido, fático ou ideal, preexistente. Eram, em vez disso, o cenário da formação e do transcurso, o cenário da história. O falado, segundo a mentalidade moderna: eram a fundação da história. Com as construções, formou-se pela primeira vez o espaço para a ação histórica. Construir significa: erigir um marco histórico, isto é, uma localização, e a possibilidade de orientar-se [...]. (Jähnig, [1975] 1982, p. 14, tradução livre)

Trata-se de uma ponte sobre o rio Neretva [imagem 1] ou sobre o rio Apurímac [imagem 2], em pedra ou em ichu, (espécie de capim da região da cordilheira dos Andes), de uma cerâmica Nazca [imagem 3]. Em todos estes casos, os homens instauram um espaço, ou, como é afirmado em termos heideggerianos, abrem-se para um mundo. Entretanto, se, para Heidegger, tal abertura coincide com a "origem" da obra de arte, como fundadora de um mundo histórico e do destino de um povo, para Burckhardt, Nietzsche e Jähnig, as próprias artes, as manifestações artísticas em particular, são o que é relevante.

| Imagem 1 | Imagem 2 | Imagem 3 |

Colocarei outro exemplo do nosso tempo. Trata-se de uma escultura de uma artista peruana, Sonia Prager [imagem 4]. Situada em frente ao mar em Lima, em um pequeno promontório, amarra, ata, de certo modo, os três elementos, maciços, transbordantes, quase ilimitados que se impõem a quem estiver ali: o céu, o mar, as falésias. Com um tom romântico e sublime, o espectador necessita segurar em algo, amarrar-se, para não se perder no infinito. Apelando ou não para a "experiência estética" (a da cumplicidade com o espectador), o certo é que a escultura também pode ser vista de outra forma: o espaço está contaminado pelo consumo que compete agora com a obra escultórica do famoso pintor peruano Fernando de Szyszlo e com um posto de vendas de *hot dogs*, *mutatis mutandis*, de sucos [imagem 5].

Imagem 4   Imagem 5

A quem interessam esses exemplos? Que como práticas artísticas desdobram-se no espaço, como se o erigissem, instaurassem. Não fazem isso, entretanto, como maneira de retroceder a uma origem arcaizante, antiga, fundante. As coisas que chamamos artes abrem-nos para uma experiência do mundo, mas fazem isso na concretude de sua configuração, de seu "orientar-se" no espaço. Em toda cultura, por todo o mundo que podemos chamar de humano, encontramos um marco histórico, uma praça, um canal, um sulco, um túmulo, um templo, um lugar de passagem. Uma marca, um "vestígio", de como os homens fazem história. Esses elementos não são pano de fundo para o consumo, não são "ruínas arqueológicas", *detritus*, restos do que ficou de outro tempo. Tampouco, por certo, estão no outro extremo de sua banalização: isto é, no acúmulo de experiências do "já vivido" (Perniola, 2008). Não são, dito de forma prosaica, o que ficou, de como se viveu "antes" ou o que se vive "agora", capturados em imagens e compartilhado em um *menu* para turistas. Tampouco são um *pot-pourri* de costumes previsíveis: o artista reconhecido deve estar também neste lugar onde os turistas necessitam de conteúdo.

Se com a arquitetura e com a escultura – artes do corpo – Jähnig aponta para pôr em evidência como elas instauram uma relação com o espaço, com a épica trata-se de mostrar a relação que as artes da palavra possuem com o tempo. Os poemas homéricos, e, em geral, toda poesia que narre uma história, realizam pelo menos duas coisas, certamente bastante dissimilares entre si. "Fazem memória" (porque se colocam em um tempo anterior) e "traçam coordenadas", sobre o que é possível fazer (porque abrem o mundo das ações humanas). E sua concretude fundamental: localizam-se certas obras, por exemplo, os poemas homéricos (esplêndidas performances dos rapsodos) ou as coreografias da dança contemporânea. E a dança, caso de que é necessário tratar, traz uma memória humana muito particular, a do corpo, de cada corpo, porque quando se trata de dança não se pode existir somente um corpo em geral. Destacamos o óbvio: não se pode haver dança sem tempo e sem corpo.

Para uma crítica sobre o "arcaico"

Laurence Louppe ([1997] 2011, p. 16), uma estudiosa da dança contemporânea, defende que a dança expressa o presente do mundo. Detenhamo-nos por um momento nessa expressão. A dança é, por antonomásia, algo que está ligado ao tempo presente. O eco heideggeriano ("o presente, o mundo") é menos importante para nós do que a solicitação de uma circunstância em específico: aquela em que o corpo conjuga-se ao espaço e ao tempo para dançar. A tentação de localizar uma origem é grande, pois parecem estar identificados os três elementos sem cujo concurso a dança não seria possível: corpo, tempo e espaço. Para evitar uma ontologia arcaizante, que se vale de arquétipos a-históricos, é preciso tratar, antes de tudo, da realização concreta dos corpos que dançam.

Em um trabalho publicado sob o título "A terra se move embaixo dos passos de um bailarino", Didi-Huberman (2009, p. 125, tradução livre) sustenta:

> O canto profundo é uma arte de loucuras [*fêles*], de fissuras [*fêlures*]: uma arte para *tornar-se* loucos e sem medidas a quem inflama [...]. Uma coisa desmesurada como o canto profundo não é nem uma ideia, nem um objeto: demasiada sig-

nificativa e 'baixa' para ser erigida como ideia, demasiada esquiva – inflamável – [*fuyante* – *fusante*] para ser estabelecida como um objeto; ela possui outras coisas que não as qualidades permanentes segundo o ser ou as qualidades relativas segundo a evolução. Gilles Deleuze, em sua *Lógica do Sentido*, chama isto [...] de um puro devir: 'puro devir sem medida, verdadeiro tornar-se louco que não cessa jamais, nos dois sentidos ao mesmo tempo, sempre se esquivando do presente, fazendo coincidir o futuro com o passado, o mais e o menos, o demasiado e o não suficiente em um processo de simultaneidade de uma matéria indócil.'[7]

Uma matéria indócil que poderia ser, acrescenta Didi-Huberman, a voz ou gestos humanos, o canto ou a dança. Pois são indóceis, cada vez que se faça a experiência de qualquer um dos dois, ela estará carregada de paradoxos.[8] Entretanto, concentremo-nos na dança, no título do trabalho e em como "a terra se move embaixo dos passos de um bailarino". Está em jogo uma resposta a Husserl, a um trabalho seu intitulado "A terra não se move", texto que influenciou Merleau-Ponty (Barbaras *in* Goddard, 2005, p. 245) e que, possivelmente também Didi-Huberman conheça. Pelo menos assim o faz pensar no fato de que retruca que a terra sim move-se embaixo dos pés do bailarino. Aquilo a que Didi-Huberman busca fazer jus é essa experiência carregada de paradoxos na qual um corpo dança. "Move" a terra, porque ela não é um ponto fixo, imóvel e configurador de uma forma arcaica, arquetípica de relação ao corpo humano. A terra não é um solo em si originário, um absoluto, em que o movimento deveria acontecer. Não há arquétipos ou formas arcaicas na dança, pois esta é demasiado real para fixá-la em uma entelequia; sua classificação insubstancial. No entanto, a posição inversa, de dar conta da dança por meio de registro sem fim dos mecanismos de subjetivação,

---

7. Tradução em português adaptada da tradução em espanhol feita por Khatia Hanza. Sobre a dança flamenca, ver do mesmo autor: "Israel Galván. Un bailor de soledades" (Didi-Huberman, 2015, p. 43-46), mas, sobretudo, *El bailaor de soledades* (Didi-Huberman, [2006], 2008).
8. Idem.

também fracassa: a dança é demasiadamente "baixa" para que se possa diluí-la em dispositivos de subjetivação.

Voltemos um momento aos paradoxos. "Sua força", afirma Didi-Huberman (2009, p. 125), "localiza-se em um ponto, em que sua violência necessária – comoção, repercussão – vai de par com uma sutileza que é impossível reduzir a uma simples combinatória".

Com a ideia dessa experiência desmesurada, paradoxal, da dança, repassemos o que ocorreu com ela. No que concerne à nossa história mais recente, a do século XX em diante, é como se a dança tivesse explorado e construído um corpo com inúmeras possibilidades. Na prática (naturalmente em relação aos corpos concretos), a dança transformou-se radicalmente e em direções inesperadas; na teoria, colocou toda a estética e a prática artísticas diante de encruzilhadas decisivas. A julgar por seu peso – sutil, evidentemente, em todos os acontecimentos artísticos desde o século XX em diante –, a dança, os corpos que dançam, possui relação direta com nossa história. Não é simplesmente que a dança tenha uma história (caminho este que costuma funcionar por meio de uma ontologia tranquilizante), nem que ela faça história (por exemplo, ao modo eminentemente político). A relação entre a dança como prática artística e histórica é muito mais para se tentar desembaraçar esse emaranhado. Importa mesmo o impacto da dança na teoria e em outras práticas artísticas.

Desse ponto de vista, levar em consideração a fenomenologia é muito pertinente. Como sabemos, Merleau-Ponty desfez, de maneira persuasiva e consistente, muita *doxa* relativa aos corpos. Levou isso em consideração, sobretudo em seus trabalhos sobre Cézanne e na crítica que faz ao dualismo cartesiano.[9] Neste caso, no interior mesmo da fenomenologia – como Husserl, como Heidegger –, Merleau-Ponty recusa toda ontologia e remete-se à "carne".[10] Se a "carne" fosse um "enraizamento originário"

---

9. Os textos fundamentais de Maurice Merleau-Ponty a esse respeito são *L'Oeil et l'esprit* e *Le visible et l'invisible*; também "La duda de Cézanne" (1977, p. 33-56).
10. Para revisar a "confrontação que Merleau-Ponty leva a cabo com Heidegger", ver Eliane Escoubas (*in* Richir; Tassin, 1992, p. 123-138).

ou um "absoluto", como Barbaras (2005, p. 244) presume para Merleau-Ponty,[11] como ela poderia reunir-se a uma arte desmesurada, fendida por paradoxos, como a dança ou o canto profundo?

Se é preciso desterrar de nossa noção de corpo o dualismo que o confronta à mente ou à alma e tomá-lo, por conseguinte, como um mecanismo sujeito a uma combinatória qualquer, se é melhor reconhecer na "carne" este "ser vivo e sentido" – um paradoxo, por fim –, por que invocar um enraizamento originário? Não seria melhor então invocar essa "matéria indócil" (Didi-Huberman) para "dar forma ao caos" (Nietzsche)? E mais ainda, não seria desejável apontar essa "matéria indócil" para provar concretamente como é possível dar forma ao caos? No entanto, convém aqui ser prudente; ao menos no que concerne a Nietzsche, pois pode ser facilmente confuso, como se não existisse a própria feitura da escritura para "dar forma ao caos" e como se tudo fosse uma questão de impulso vital e de arroubo dionisíaco.

Ao que se indica, é que renunciemos a associar a estética da vida à dança. É preciso se contrapor à ideia, tão difundida em nosso século, de que "a experiência estética comporta uma agilidade e uma intensificação da vida, um enriquecimento e uma potencialização das energias vitais" (Perniola, 2001, p. 17). Por esse caminho, empreendido primeiro por Kant, atribui-se um "finalismo" às práticas artísticas, algo que somente consegue aumentar um egotismo, cabe afirmar, um esvaziamento subjetivo, que faz da experiência da estética uma "vivência" (Dilthey) ou algo em que "os sentidos tornam-se transparentes" (Perniola, 2001, p. 27) (Santayana) ou que toma a "realidade como um ininterrupto brotar de imprescindíveis novidades" (Perniola, 2001, p. 33) (Bergson). Para os promotores da estética da vida – Dilthey, Santayana, Bergson –, o que de fato importa é como se sente o sujeito, em vez de abrir-se para a experiência do que as obras concretas tornam real.

---

11. Essa é a leitura que faz Renaud Barbaras.

Esse "real" não tem por que ser enfático ao modo originário ou arcaico. Para destacá-lo, servir-me-ei de exemplos, um trabalho de Duchamp e outro de Alphonse Allais, num momento em que, como na dança no início do século XX, em todas as outras artes foram possíveis muitíssimas coisas. Chego nesses nomes por meio de Michael Glasmeier (2016), no seu livro sobre *Ruídos, ritournelle para uma história da arte do som*. Glasmeier localiza Alphonse Allais na *avant-garde* burlesca do final do século XIX e começo do XX. Uma *avant-garde* que fazia muito ruído sem sentido nos cabarés parisienses, zombando de qualquer cultura burguesa que houvesse, inclusive da que ia se refestelando confortavelmente no impressionismo. Allais compõe uma "Marcha fúnebre" [imagem 6] e explica, no prefácio, que:

> [...] seu autor deixou-se guiar, ao compô-la, por este princípio aceito por todos: de que as grandes dores são mudas. E dado que as grandes dores são mudas, quem [as] executar deve ocupar-se única e exclusivamente de contar os compassos, em vez de produzir um ruído indecoroso, que retira a sublimidade dos funerais. (Tradução livre)

Em consequência, a obra é uma partitura com linhas para os compassos, mas sem notas!

Imagem 6

O outro exemplo é de Duchamp [imagem 7]. Em uma linha, diz: "Ter o aprendiz embaixo do sol". É como explica Glasmeier, uma folha surpreendente, pois é difícil relacionar três elementos distintos: a imagem, a palavra e a notação. O desenho corresponde a uma época do trabalho de Duchamp em que se tratava de pegar elementos de diferentes artes

"sem nenhuma" (ou, pelo menos, sem a menor) relação direta possível.¹²
O que vemos neste desenho? Deixo que Glasmeier diga, não sem antes recordar, para quem não tem familiaridade com o fato de que, na França, o ciclismo é um motivo de paixão e grande entusiasmo da população:

> [...] [E]ste ciclista de Duchamp, não somente sobe a página que se encontra vazia de notas da história da música, como também é o signo da vanguarda sem mais que se expressa por meio do estilo da publicidade. Assim, o espectador vê o esforço do ciclista para subir a linha desenhada com grande desenvoltura. Aqui se aposta na página do silêncio em detrimento da corporeidade cheia de sons. A notação chama a escuta, e escutamos o que vemos, ou seja, o corpo curvado, realçado através de um desenho em lápis, em meio ao vazio. Escutamos o esforço e o mecanismo dos pedais. O vazio da partitura captura nossa imaginação, sem a qual a arte não seria possível. (Glasmeier, 2016, p. 58, tradução livre)

Imagem 7

---

12. Cf. Robert Lebel, citado por Glasmeier (2016, p. 55-66), "Marcel Duchamp und eine Kunstgeschichte des Geräuschs". Em seu livro sobre Marcel Duchamp, Lebel (1985, p. 16) explica que o desenho é muito importante, pois coincide com o repúdio da pintura de cavalete. Sustenta, ademais, que representa *"un cycliste étique montant une côte réduite à une seule ligne"* [Um ciclista ético subindo uma costa reduzida a uma única linha]. É uma citação que Lebel coloca sem, lamentavelmente, indicar a fonte. Intriga o qualificativo "ético". De uma ou de outra forma, a tratar-se de um crescendo ("a imagem de um automóvel que sobe uma costa em primeira marcha") para chegar a uma série de objetos quase todos verticais. *"Ultérieurement, en dépit de quelques rechutes, l'escalade s'est poursuivie pour culminer dans l'indicible, invisible et inavouable Etant donnés... dont on ne peut guère mesurer l'altitude relative mais qui constitue pour le moins un sommet du sacrilège et de la dévastation"* (ibid.) [Posteriormente, apesar de algumas recaídas, a escalada continuou a culminar no indizível, invisível e vergonhoso *Etant donnés...* cuja altitude relativa dificilmente pode ser medida, mas que constitui pelo menos um cume do sacrilégio e da devastação].

Escutamos realmente os pedais? Está claro que não. E Glasmeier, entretanto, omite o motivo quando sustenta que, sim, poderíamos fazê-lo. À condição, evidentemente, de que prestemos atenção ao próprio desenho. Escutamos o mecanismo dos pedais? Sim, graças à imaginação, exemplifica Glasmeier. Como assim, escutamos um desenho mudo?

Uma resposta possível é se levássemos certo conteúdo por meio de outro registro, como se nos ajudasse a compreender as artes como linguagens. De mais a mais, essa resposta obriga a uma dura tarefa de classificação das artes, tarefa esta, certamente, anacrônica.

Retornemos à pergunta. Como assim escutamos, se o desenho é mudo? Muito mais do que para as artes, devemos atribuir aos corpos que *possamos ter a capacidade de escutar o que vemos no desenho*. Somente porque possuímos corpos é que as artes podem convergir, podem conseguir o que em relação a outros parâmetros seria impossível. Assim, o desenho de um ciclista que nos faz escutar uma marcha fúnebre hilária e literal, um bailarino que move a terra, uma escultura que se amarra ao horizonte, umas pontes que não fazem *tabula rasa* do ambiente que nos rodeia etc. Todos esses exemplos de uma disjunção impossível: artes ou corpos. Nem origem fundante, nem experiência primordial: são simples corpos que não são possíveis sem arte e artes que não são possíveis sem corpos.

Referências

BARBARAS, Renaud. "De la phénoménologie du corps à l'ontologie de la chair". In: Jean-Christophe Goddard (ed.). *Le corps*. Paris: Vrin, 2005. p. 207-250.

BENJAMIN, Walter. *París, capital del siglo XIX* [1935/1939]. México: Libreria Madero, 1971.

_____. *Libro de los pasajes*. Madrid: Akal, 2005.

BRANDSTETTER, Gabriele; KLEIN, Gabriele (eds.). *Dance [and] Theory*. Bielefeld: transcript, 2013.

BURCKHARDT, Jacob. *Weltgeschichtliche Betrachtungen*. Munich: DTV, 1978.

DELEUZE, Gilles. *Lógica del sentido*. Barcelona: Paidós, 2005.

DIAS, Isabel Matos. *Merleau-Ponty*: Une poïétique du sensible. Toulouse: Presses Universitaires du Mirail, 2001.

DIDI-HUBERMAN, Georges. *El bailaor de soledades* [2006]. Valencia: Pretextos, 2008.

_____. "La terre se meut sous les pas du danseur". In: *La Part de l'Œil*, Dossier: Ce qui fait la danse: de la plasticité à la performance, n. 24, p. 125-141, 2009.

_____. "Israel Galván. Un bailaor de soledades". *Etiqueta negra 124*, año 13, p. 43-46, marzo 2015.

ESCOUBAS, Eliane. "La question de l'œuvre d'art: Merleau-Ponty et Heidegger". In: Marc Richir y Etienne Tassin (Eds.) *Merleau-Ponty. Phénoménologie et expériences*. Grenoble: Millon, 1992. p. 123-138.

GERHARD, Volker. "Die 'grosse Vernunft' des Leibes. Ein Versuch über Zarathustras vierte Rede". In: GERDARDT, Volker (ed.). *Friedrich Nietzsche. Also sprach Zarathustra*. Berlin: Akademie Verlag, 2012. p. 93-122.

GLASMEIER, Michael. *Geräusche, Ritornelle für eine Kunstgeschichte des Klanges. Von Fra Angelico und Claudio Monteverdi zu Marcel Duchamp y Terry Fox*, Ed, Tania Prill y Andrea Sick. Hamburgo: Textem, 2016.

HEIDEGGER, Martin. "Der Ursprung des Kunstwerkes". In: *Holzwege*. Frankfurt: Klostermann, 1980. p. 1-72.

JÄHNIG, Dieter. *Historia del arte*: historia del mundo [1975]. México, D.F.: F.C.E, 1982.

KOCKELMANS, Joseph J. "Heidegger on Art and Art Works". *Phaenomenologica 99*. Dordrecht: Nijhoff, 1985.

La Part de l'Œil, n. 24, 2009. Dossier: Ce qui fait la danse: de la plasticité à la performance.

LEBEL, Robert. *Marcel Duchamp*. Paris: Belfond, 1985.

LUOPPE, Laurence. *Poética de la danza contemporánea* [1997]. Salamanca: Ediciones Universidad de Salamanca, 2011.

MERLEAU-PONTY, Maurice. *L'Œil et l'Esprit*. Paris: Gallimard, 2006.

_____. *Le visible et l'invisible*. Paris: Gallimard, 2007.

_____."La duda de Cézanne". In: *Sentido y sinsentido*. Barcelona: Península, 1977. p. 33-56.

MOLINUEVO, José Luis. *El espacio político del arte. Arte e historia en Heidegger*. Madrid: Tecnos, 1988.

NIETZSCHE, Friedrich. *El caso Wagner. Nietzsche contra Wagner. Documentos procesales de un psicólogo*. Trad. J.L. Arántegui. Madrid: Siruela, 2002.

PERNIOLA, Mario. *La estética del siglo XX*. Madrid: La balsa de la medusa, 2001.

_____. *Del sentir* [2002]. Valencia: Pre-Textos, 2008.

VALÉRY, Paul. *Eupalinos o el arquitecto. El alma y la danza* [1924]. Madrid: Machado Libros, 2004.

VVAA. "Dance", artículo en la *Encyclopedia of Aesthetics*, editado por Michael Kelly, v. 2. Oxford University Press, 2014. p. 255-278.

WOTLING, Patrick. "L'entente de nombreuses âmes mortelles. L'analyse nietzschéenne du corps". In: GODDARD, Jean-Christophe (dir.). *Le corps*. Paris: Vrin, 2005. p. 169-190.

2.
a estética do corpóreo na fronteira do humano

Uma vertigem lenta da matéria:
por uma estética materialista pós-antrópica[1]

Paula Fleisner

Perspectiva de pássaro

> *"pì voi vò addivintare un aucello*
> *pe farimi nu sonno accanto a voi"*
>
> (Por ti quero tornar-me pássaro,
> para fazer-me sonho ao teu lado)
>
> Tarantella del Gargano, Anónimo

Uma mulher sobe no teto em busca de uma ideia. Foi encarregada para designar um espaço, um território, dentro deste enorme prédio modernista, sobre o qual se encontra, agora, amarrada por um cinto que a protege da implacável gravidade. Agora, trepada no teto do Pavilhão Ciccillo Matarazzo, convidada para ser artista-curadora, ela pensa a partir de um exercício de uma percepção transformada. Contempla – dali é impossível não fazê-lo – a extensa superfície verde que marca um limite, ou melhor, que serve de limiar não humano para a autossuficiência impetuosamente

---

1. Tradução de Talita Rocha e revisão de Pedro Hussak.

inumana do edifício. Uma construção ágil, estabelecida no jardim do parque do Ibirapuera que a rodeia e a ama com um amor vegetal, ou seja, um amor "mais vasto que os impérios, e mais lento...", segundo reza o poema de Marvell.[2] Parque e pavilhão, natureza e cultura, formam, ali em cima, um *continuum* não homogêneo, em que as taxonomias binárias complexificam-se e suas temporalidades entremisturam-se. Claudia Fontes, imagino, olha para o céu, que também imagino estar sem nuvens. E coloca-se perguntas. Sua tarefa de artista-curadora é-lhe apresentada como um enigma que decidiu resolver, sem refazer o labirinto de Niemeyer, um Dédalo racional, artífice da beleza das curvas. Do labirinto, sai-se por cima, isso Claudia parece saber: não observar com minuciosa perspectiva de rã (Nietzsche, 1983, §2, p. 23) os fundamentos metafísicos do solo, mas, com uma mirada de pássaro, captar, por meio do seu voo, uma visão panorâmica. Talvez por isso, precisamente por sua emulação ornitológica, um pássaro curioso vem pousar sobre esse mesmo teto para, logo depois, sobrevoar por alguns instantes a área. Um pássaro detém-se a poucos metros da mulher que pensa sobre um teto rodeado de árvores, e fica ali alguns minutos contemplando sua imitadora humana. Vem, por acaso, presenteá-la com uma imagem, a imagem que Fontes necessita para iniciar o processo criativo e coletivo proposto aos outros nove artistas que serão parte de seu exercício curatorial. Quando o pássaro sente vertigem? Pergunta-se a mulher amarrada ao seu cinto, após ter experimentado a própria vertigem de sua pequenez diante do edifício vazio, que poderia ser seu próprio labirinto vestibular interior. Diferentemente dos animais humanos, pode-se objetar, um pássaro sente vertigem quando voa de modo suficientemente lento a ponto de sentir no corpo o risco de cair. Mundos com percepções diversas, fantasiadas de um composto ontológico sem hierarquias. Um pássaro experimenta a velocidade do seu mundo circundante (*Umwelt*) quando seu voo aquieta-se, imagina Fontes. A vertigem surge do antropismo da velocidade, transforma-se, aqui, em

---

2. "A su amante esquiva", referido no conto de U. Le Guin (2004), *"Más vasto que los imperios y más lento"*, em *Las doce moradas del viento*.

centrifugação ao mesmo tempo desenfreada e sossegada do animal à sua volta. Uma imagem que surge de um encontro fortuito, uma imagem que, como toda imagem, é o ato de construir um lugar impossível, onde a metafísica ocidental buscou a solução para o seu enigma central, a união da ideia e da coisa (Agamben, *"Le pays au-delà des images"*, 2004, p. 135). O pássaro lento é aquela imagem ambígua, quase um oximoro, que serve de gatilho não temático para conceber as afinidades afetivas que o curador geral havia proposto como premissa metodológica e política da 33ª edição da Bienal de São Paulo em 2018.

A prática de um perspectivismo animal é o que parece ter dado lugar à imagem do pássaro lento. Perspectivismo que, como o nietzschiano, busca uma aproximação ao heterogêneo e impróprio sem estar sustentado em um ponto de vista absoluto (Deus, a natureza, o ser humano) que se reorganize em torno de si ou dê sentido aos outros olhares.[3] Nietzsche concebia o perspectivismo como um exercício artístico de "imprimir nossa própria alma no que é estranho a nós mesmos",[4] o que, obviamente, comporta sempre o risco de que ela, nossa alma, transforme-se naquilo que olha:[5] um perigoso jogo de reciprocidade de olhares em que se instabiliza a separação das espécies e a distinção entre o sujeito que olha e o objeto que é olhado. Assim, o abismo opaco que olhamos nos olhos do pássaro também nos olha de volta e, por sua vez, transforma-nos neste mesmo abismo.

Entretanto, o perspectivismo que Viveiros de Castro (2013, p. 15) encontra nas cosmovisões ameríndias é o que, eventualmente, vai permitir-nos pensar melhor o exercício de Fontes e seu pássaro, este "colocar-se ou encontrar-se no lugar do outro". Um perspectivismo que, por um

---

3. "O mundo não é tal e qual maneira: e os seres vivos não aparecem como tal lhes apetece, mas: o mundo consiste nestes seres vivos, e para cada um deles, existe um pequeno ângulo, do qual se pode medir, perceber, ver e não ver. Falta a 'essência'. O 'devir', fenomênico, é o único tipo de ser" (NF 7[1] 1886-87) (Nietzsche, 2008, p. 188).
4. Como define P. Gori (2017, p. 13).
5. *"Quien con monstruos lucha cuide de no convertirse a su vez en monstruo. Cuando miras largo tiempo a un abismo, también este mira dentro de ti"* (Nietzsche, 1983, § 146, p. 106).

lado, multiplica os sujeitos de perspectiva e a capacidade de pensamento e de agência fora do animal humano; e que, por outro, concebe a mítica separação homem/animal de maneira contrária ao pensamento ocidental: a humanidade, e a não animalidade, é o fundo comum desta coisa múltipla, a um só tempo contínua e heteróclita, em que ambas são parte juntamente com tudo mais. O Ocidente encerrou a capacidade de atribuição da subjetividade a todo o existente no âmbito do fantasioso animismo primitivo da arte com o objetivo de erguer um único sujeito soberano (homem) que, por sua vez, garantisse uma relação de domínio sobre todos os demais (chamada de natureza). O xamã do perspectivismo que Viveiros (2013, p. 28) estuda atua, ao contrário, como um escultor que subtrai das coisas aquilo que sua forma humana não deixa ver, sua capacidade de pensamento: "O outro existe, logo pensa", seria seu lema não cartesiano que povoa o mundo de seres dotados de consciência (2013, p. 80). Uma ideia não humanista (ou seja, não excepcionalista) de humanidade, antropomorfismo não antropocêntrico que procede de modo inverso à crítica nietzschiana, mas que acaba chegando à mesma conclusão, de que o ponto de vista, a perspectiva, procede, conduz e cria o sujeito (2013, p. 81). Assim, o humano não é o nome de uma substância única, mas sim de uma relação, uma certa posição em relação a outras posições possíveis, de maneira que o que o perspectivismo faz é redistribuir essa posição de autorreflexão das coisas (2013, p. 77-78). O ponto de partida de Fontes, sua leitura somática do edifício, poderia compartilhar essa reumanização pós-humanista "xamânica" na qual é possível imaginar a mútua hibridização do existente em que os atores humanos já não são o centro da ação. Sem a necessidade de levar os animais à galeria, mas encontrando-se com eles do lado de fora dela, esse exercício, que proporciona a ambígua imagem da ave com vertiginosa síndrome, pode ser lido a partir do que chamarei aqui de uma estética materialista pós-humana.

No que se segue, traçarei brevemente as coordenadas da base deste trabalho que, juntamente com a *Colectiva Materia*, denominamos de "materialismo pós-humano" e analisarei suas derivações estéticas para finalizar com uma leitura possível de quatro de dez obras que formaram "Pássaro Lento": "*The living room*", de Roderick Hietbrink; "La respuesta de las cosas", de Paola Sferco; "El misterio de cuarto cerrado", de Pablo Martín Ruiz e "Nota al pie", de Claudia Fontes. Essas duas últimas serão analisadas, além disso, em seu duplo aspecto de obras e de discurso curatorial imanente.

Considerações da matéria não (só) humana

O materialismo pós-humano é uma caixa de ferramentas conceituais para pensar o descentramento do humano em relação aos existentes não humanos: a partir de um conceito de matéria que recupera sua capacidade de auto-organização e de agenciamento frente à definição idealista de matéria como a outra face inerte e disponível do ideal. Esse âmbito de investigação tenta, assim, desenvolver possíveis cruzamentos e relações entre a "virada materialista" da filosofia e as possíveis derivações do assim chamado anti-humanismo francês e italiano pós-nietzschiano que desmantelou as implicações do uso do conceito de sujeito na justificação do domínio capitalista sobre a humanidade e o planeta.

A relação entre o materialismo e a crítica da subjetividade estava presente na filosofia adorniana. Como é sabido, Adorno (1984, p. 361-405) caracteriza o idealismo como uma filosofia burguesa que reduz a multiplicidade à unidade e o dado ao pensamento e que, ao pensar a sociedade e a história como processos racionais, serve de justificação racional do estado atual das coisas. Se o idealismo deriva toda a realidade do eu, ainda que o eu seja colocado de muitas maneiras[6] (visto que o sujeito funda o conhecimento e este a realidade), o materialismo deverá desmascarar o espírito como princípio de dominação do que é relegado ao não eu e partir da experiência corpórea do prazer e do desprazer como momento não cognitivo que atravessa inclusive a espiritualidade. O materialismo,

6. T. W. Adorno, Terminología Filosófica, Tomo II, op cit., §21, p. 16.

deste modo, desconfia do nobre, do eterno, do imperecível e é, em vez de um conjunto doutrinário definido, um "aroma", uma coloração que rememora qualidades fisiológicas sensitivas surgidas dos corpos.[7]

Talvez o feminismo materialista seja o que tenha podido pensar de modo preciso a necessária vinculação entre o materialismo e o pós-humanismo: um retorno às práticas e às experiências corporais que, uma vez levada a cabo a desconstrução discursiva de gênero (Rossini, 2006, p. 1-2), permitiu a esse feminismo propor uma revolta geral emancipada que já não funciona com a lógica reivindicatória de inclusão de outros demais setores dentro do círculo de "vidas que importam"; e que, por isso, assume-se como não humanista, nem antrópica e nem andrópica, e aponta a imersão do existente em uma rede de relações não humanas (animais, vegetais, virais ou minerais).[8]

Já neste século, distintos debates (antiespecismo, ecocrítica e ecofeminismo, novos materialismos e novos realismos [Grusin, 2017, p. IX]), cada qual com suas especificidades, traçam um diagnóstico do contexto pós-antropocêntrico e pós-natural atual, no qual dualidades tornaram-se inoperantes e a matéria volta a ser pensada como estrutura autopoiética e autoexpressiva. Dessa maneira, o existente pode ser reconsiderado além do princípio antrópico, como diz Ludueña Romandini (2012, p. 9-11), ou seja, não somente por fora da lógica que faz do humano um substrato metafísico (princípio antropológico, já superado amplamente), como também fora daquela lógica que o considera como o fim último da vida planetária (princípio antrópico forte) ou um elo necessário em seu desenvolvimento (princípio antrópico fraco).

---

7. Idem, § 35, p. 143.
8. Cf. R. Braidotti, "Four Theses on Posthuman Feminism" (*in* Grusin, 2017, p. 21-48) e M. Rossini (2006, p. 17).

A arte na época da hibridização pós-antrópica: desde a bioestética excepcionalista até simpoiesis responsável

Talvez me seja permitido propor que a estética moderna, tal como é explicitada em seu manifesto mais acabado, a *Terceira Crítica* kantiana (*KU*), funda-se em um movimento duplo: de um lado, a separação do sujeito transcendental do resto existente (incluindo o próprio corpo) que fica inerte à sua disposição; e do outro, a reunificação desse sujeito separado que sangra em uma dupla existência ao mesmo tempo determinada e livre: a costura do corte produzido naquela separação. O sujeito kantiano, recordemos, habita em dois reinos separados, o da necessidade monolítica no mundo natural e o da liberdade moral. Entretanto, graças a uma nova faculdade descoberta por nosso filósofo em sua velhice, a subjetividade consegue reconciliar-se e tornar-se novamente una. O sentimento do prazer e da dor é designado para suturar, e seu princípio (a conformidade a um fim, *Zweckmässigkeit*) devolve-lhe, por sua vez, a teleologia que corria o risco de perder-se no corte. Entretanto, além de suturar a ferida do principal personagem da modernidade, a *Crítica da faculdade de julgar* proporciona uma consideração inédita da vida orgânica que possibilita a formulação da teoria física da finalidade objetiva da natureza. E, para isto, Kant deve dedicar toda a primeira parte à fundamentação do juízo estético (o comportamento estético do sujeito espectador) e à explicação do fenômeno da arte a partir da figura do gênio (sujeito artista). A arte parecia servir de analogia explicativa do funcionamento da vida orgânica. Se no juízo estético Kant consegue que o sujeito, por meio de um jogo entre suas faculdades, volte a estar cômodo em um mundo que lhe aparece como belo e sublime, talvez somente através da demora na consideração do fazer artístico seja possível postular a finalidade na organização interna dos produtos da natureza. A atividade artística da qual a estética ocupa-se serve, assim, de modelo para a construção de uma ontologia da vida, compreendida como uma unidade sintética, força formadora e vontade de si (cf. Kant, 1996, p. 344, §77).[9] Por sua vez, a experiência estética fica relacionada com a pergunta pelo sentido da vida por meio da recondução estética e teleológica a uma mesma faculdade de juízo, faculdade esta que permite pensar o particular como algo contido no universal. Assim, a faculdade de julgar permite-nos gozar do acesso a uma ideia coerente da totalidade, mesmo que inclusive não possamos conhecê-la, e talvez, dessa maneira, permita-nos fechar aquela ferida que produzíamos ao sermos recortados pela rede do existente, rede convertida agora em um todo compacto que nos serve de espelho com o qual podemos reconciliar-nos como humanidade. No âmbito da estética, poderíamos dizer, o sujeito cumpre incessantemente o imperativo de autorreconhecer-se como humano.

O belo e o sublime são juízos característicos de um espectador ilustrado, livre tanto de suas inclinações sensíveis como de seus temores morais que se mostram como eficientes dispositivos de separação *hominizantes*. Eles dispõem o terreno para perpetuar, como seu correlato necessário, uma imagem do globo como mundo disponível ou como natureza[10] (que é, definitivamente, o conjunto de valores que as representações subjetivas atribuíram-lhe). Beleza e sublimidade seriam, assim, a expressão da capacidade burguesa de distanciar-se que converte o agente humano em espectador frio de um espetáculo "natural" que, por sua vez, a humanidade inventou: conciliação do entendimento e da imaginação (belo) ou experimentação sensível do suprassensível (sublime). Ambos seriam instrumentos complacentes da separação que transformou o que existe em recurso "natural" passível de extração. Do mesmo modo, o artista concebido como ventríloquo da natureza é também arauto de uma falsa reconciliação, que é, na realidade, uma guerra instrumental contra as potências atuantes e sentidas a partir de tudo o que existe. Conjuração imunológica para a proteção *da vida que importa*.

---

9. D. Tarizzo (2010, p. 3.747) oferece uma reconstrução desta ontologia da vida.
10. Uma interpretação do sublime kantiano nessa chave pode ser lida em P. Fleisner (in Freitas; Costa; Pazetto, 2016, p. 127- 136), "O sublime animal. Uma leitura a contramão da experiência sensível da (in) dignidade humana".

Sem fazer de Kant o responsável único e absoluto por essas consequências, interessa-me destacar, nesta reflexão, a proto-história de uma deriva estética excepcionalista que fez também da *aisthesis* e da arte dispositivos privilegiados para a construção e a hierarquização do humano. Em concordância com as práticas de asseguramento da vida que Foucault denominou biopolítica, poder-se-ia dizer, como o fez Pietro Montani (2014, p. 91-95), que a estética tornou-se bioestética.[11] Ou seja, uma anestesia da sensibilidade que, com a ajuda das próteses tecnológicas, nivela, contrai e canaliza para ser funcional ao plano extrativista. Certamente, a convergência progressiva da técnica com a biopolítica, no projeto comum de assegurar a vida, contou com o sentimento estético como aliado fundamental para sua continuação. Por isso, Montani (2014, p. 92) propõe retomar, a partir dessa perspectiva, as teses benjaminianas sobre o vínculo entre a arte aurática e o fascismo para pensar as derivas intensificadas e capitalizadas pelo governo global do vivo na época das tecnociências e das biotecnologias: "o dispositivo técnico global faz um uso mais estrutural e 'fisiológico' das categorias estéticas" e delas obtém, não somente a imagem "oficial" (do regime, como nos totalitarismos), como também "seu específico horizonte – nivelado, contraído e canalizado – de sentido".

Esse uso estrutural das categorias estéticas implica, além disso, em um progressivo esvaziamento do sensível. A estética parece ter colaborado com uma educação sentimental tornada sensacionalismo: fechamento para a contingência do mundo e para sua imprevisibilidade, contração, subordinação e normalização da *aisthesis*, aquela capacidade que havia sido o primeiro registro do entorno (percepção), mas também o primeiro saber-nos envolvidas nele (sermos afetadas). Hoje, o exibicionismo de uma vida fisiológica antes clandestina[12] prepara-nos, como denunciava Adorno, para a visão distante do espetáculo de qualquer horror tornado imaginável

---

11. Ainda que eu retome esse conceito de bioestética, pensado como uma anestética à qual o sujeito foi submetido, não o seguirei aqui, porque não compartilho de suas premissas, nem da reconstrução arendtiana da estética de Kant que o autor propõe nem da leitura que se faz de outros "hiatos" da história da estética que são Schiller e Nietzsche.
12. E por isso, simultaneamente privada e política (cf. Agamben, 2014, p. 11-18).

e garante a neutralização de toda imagem que mostra sua excendência subversiva. De sua parte, a arte também soube colaborar com o colocar em disponibilidade das imagens para um empobrecimento das capacidades afetivas e um melhor treinamento das competências intelectuais entendidas como excepcionais (cf. Fleisner, 2019, p. 77-97).

Por isso, uma reabilitação política da *aisthesis* torna-se imprescindível diante da anestesia generalizada, o que Benjamin já advertia. Uma redistribuição da potência do sentir (perceber e ser afetado), mas também uma redistribuição da potência de atuar que impliquem, ambas, em voltar a pensar como privilégio da arte (esse grande veículo da *aisthesis*) sua capacidade de inventar formas de testemunhar pelas lógicas de existência esquecidas ou exterminadas, e de manter-se no terreno sempre perigoso, cósmico e terceiro (nem ideal, nem real; nem sensação, tampouco pensamento) da imaginação criadora (cf. De Vito, 2015, p. 67, p. 70).

Uma revisão da estética filosófica permitiria, assim, voltar a pensar sobre a capacidade que a arte tem de trazer imagens que são, por sua vez, aquilo que produz espaço, a própria possibilidade de acontecer de modos de existência diversos dos que tiveram suas formas de percepção subtraídas, as capacidades de ter sensações, sentir, pensar, atuar e ser. A educação do sentir e do pensar humano parece possuir como contrapartida o esquecimento e a redução de outras *aisthesis*, de outros modos *simpoiéticos* de estar abertos em relações múltiplas. Por isso, a estética materialista pós-humana busca pensar os modos pelos quais a arte soube reimaginar e reencantar não somente o humano que gravou seu rastro na pedra (o homem tornado era geológica no Antropoceno), como também especialmente os "holoentes", essas relações dinâmicas e contingentes entre o biótico e o abiótico que povoam a Terra. Artes pós-mediais e metaespecíficas que imaginam a interconexão da matéria biótica e abiótica do planeta em outros tempos e espaços, exercícios visuais, musicais e literários que assumem outras perspectivas, invisíveis, inauditas, inenarráveis, mas nunca absolutizáveis ou hierarquizantes. Práticas artísticas que se deslocaram na direção da consideração da materialidade questionando, inclusive, os territórios onde a divisão subordinante do existente faz-se possível. A ecocrítica materialista considerou isto: na obra de arte, matéria e sentido podem entrar em jogos mútuos de significação para produzir relações intra-ativas (uma continuidade) entre humanos e não humanos, permitindo não somente que a matéria agencial seja narrada e representada, como também que ela mesma seja uma área de narratividade (uma *storied matter*, como dizem Iovino e Opperman [2018]).

Em algum sentido, poderíamos dizer que, desde seus começos, a arte suspeitou da primazia do humano. Suas construções sempre buscaram pensar seus limites e fantasiar a "natureza" fora dele. Por isso, se o governo e a administração total do existente, se o domínio, como uma terrível Medusa, converteu o *Ánthropos* em pedra (fundamento monolítico de um globo em ruínas), a arte poderia ser considerada como *simpoiesis*, um modo de fazer sempre coletivo, até mesmo cósmico. Uma *simpoiesis* que abandona a definição teleológica de *poiesis* (meio com vistas a um fim) que propôs Aristóteles e que conserva, de modo deturpado, a definição platônica de uma paisagem, conjunto contingente e contínuo, do não--ser ao ser, que implica também em sua proliferação para o não-ser. O ato poiético (a criação) é, por sua vez, resistência (detenção, des-criação, des-obra ou inoperância que abre novos usos (cf. Agamben, 2017, p. 38) e, por isso, ele pode assumir e suportar em seu gesto a pura medialidade sem fim da matéria que somos (cf. Agamben, 2001, p. 68; 2017, p. 136-137); ele pode exibir como tal e testemunhar pelo amálgama de entes que somos e no qual estamos.

Frente ao empobrecimento das *aisthesis*, uma arte responsável é possível, responsável não somente no sentido de que responda a um conjunto determinado de regras morais ou que se ajuste a um dever imperativo mais ou menos universal, mas porque é capaz de responder [respons-abilidade: habilidade de dar respostas] (cf. Haraway, 2016, p. 1-17) diante de uma multiplicidade irredutível a qualquer regra prévia.

Romper todo o devir interrupção imperceptível: um percurso por quatro obras dentro de "Pássaro Lento"

Para finalizar, gostaria de propor uma leitura de quatro das obras que fizeram parte de "Pássaro Lento" a partir do que foi dito até aqui.

"The living room", de Roderick Hietbrink, é a única obra desse conjunto que não foi realizada especialmente para a mostra e serviu, de alguma maneira, também como gatilho para impulsionar o processo criativo dos demais artistas, segundo conta Fontes. Trata-se de um vídeo de aproximadamente oito minutos, nos quais vemos como o *living room* de uma típica habitação social holandesa é destruído por uma árvore, que é arrastada para o interior através de uma janela. Uma invisível agência humana produz uma fricção entre a árvore e a casa. A primeira imagem é a casa em seu contexto de casas idênticas, e logo o interior da habitação é invadido por um som do ponteiro de um relógio de parede. Vemos uma televisão, vasos de orquídeas na soleira da janela, outras em vasos, um cachorro de porcelana, uma biblioteca, um par de sapatos brancos desamarrados (paródias dos polêmicos sapatos vangoghianos) que jazem sobre um tapete cinza. Até que ouvimos um deslizamento, um cabo de metal que começa a mover-se e uma roldana que opera a lenta irrupção de fora para dentro: um enorme carvalho é rebocado das suas raízes até a parte de dentro, destruindo todo seu piso. Talvez se possa dizer que se trata de um jogo de des-criação de sentido, a produção de um absurdo num espaço convencional onde habita o indivíduo humano, impessoal e intercambiável, que o sistema capitalista controla. Não obstante, não deixa de ser uma pergunta pelo sentido, pelos símbolos da cultura ocidental, em que os materiais são tratados de modo altamente extrativista: aluga-se uma casa, decora-se com um decorador de interiores, encarregado da construção do estereótipo do holandês médio e, finalmente, "arranja-se" um carvalho para fazê-lo chocar-se contra ela. Tentativa ainda binária de pensar as dicotomias, concepção monolítica da "natureza" (aqui simbolizada por um carvalho, em que as folhas verdes, vemos sulcadas, murchas e tristes) e busca de uma especificidade cultural (a holandesa) que, ademais, apresenta-se como um exemplo universal da "cultura do Ocidente". Obra símbolo, espelho cultural, que, embora busque problematizar a construção de um pequeno mundo interior, não deixa de reduzir a contingência do existente e de evocar uma ordem íntegra e ideal (cf. Melandri, 2007)[13] na tradicionalíssima tarefa de doação de sentido.

Porém, a estratégia curatorial de Fontes recontextualiza essa obra de tal modo que se torna uma linha de fuga também a respeito de si mesma. Fontes sublinha que, antes de ser uma autoridade doadora de sentido, preferiu pensar a tarefa de curadoria como um trabalho de tradução e, por isso, designou Outranspo [*Ouvroir de translation potencial*],[14] através do escritor e tradutor Pablo Martín Ruiz, a redação de transcriações para as obras expostas. Seguindo a ideia de tradução literária do poeta concretista Haroldo de Campos, segundo a qual não se trata de manter a "fidelidade ao significado (...) mas ao próprio signo estético, visto como uma entidade total, indivisível em sua realidade material e em sua carga conceitual",[15] os membros de Outranspo escreveram as transcriações que em alguns casos serviram como cartilhas explicativas das obras e, em outros, foram compiladas na ficção curatorial que, sob a forma de um livro, acompanhou a mostra.

A transcriação que acompanhava a obra de Hietbrink na sala dizia:

---

13. Ali, fala-se de uma ocultação das forças opostas de cuja luta surge o sentido unívoco recomposto (*symballein*).
14. Outranspo (*Ouvroir de translation potencial*) é um grupo heterogêneo e multilíngue de tradutores, escritores, pesquisadores e músicos dedicados à tradução a partir de uma perspectiva criativa, lúdica e experimental, principalmente por meio de reuniões virtuais mensais. Fundado em 2012, em Rochester (USA), no modelo do Oulipo, e efetivamente ativo desde outubro de 2014 (em ocasião de um colóquio sobre a tradução de literatura escrita sobre as restrições formais na cidade de Baltimore), seu grito de guerra é "'A' não Proust!", ou, dependendo do lugar do mundo em que seja emitido, "Não a Proust!'". Disponível em: http://www.outranspo.com/.
15. "La traducción como creación y crítica" (1962), citado en R. Lázaro, "Haroldo de Campos. Recorrido por sus textos teóricos" (2012).

Puede un árbol sentir

Puede un árbol sentir curiosidad

Puede un árbol sentir curiosidad por los humanos

Puede un árbol sentir curiosidad por los humanos y tratar de

Pode uma árvore

Pode uma árvore sentir

Pode uma árvore sentir curiosidade

Pode uma árvore sentir curiosidade
pelos humanos

Pode uma árvore sentir curiosidade
pelos humanos e tentar

[Tradução para o português por Paloma Vidal]

Longe da interrogação sobre os significados na cultura ocidental, a transcriação fixa sua visão na árvore que, no vídeo, era apresentada com uma exacerbada passividade, nem morta, nem viva, sendo retirada como se fosse arrastada pelos cabelos. A transcriação vai deixando cair perguntas pela adição de palavras em cada verso, ainda que sem nenhum sinal de interrogação, como que deixando indeterminado o status interrogativo do dito. Pergunta primeiramente pelas capacidades de agência de uma árvore, pode uma árvore?, e alerta-nos, talvez, sobre a evidente habilidade vegetal para a transmutação do abiótico em formas de vida. Sabemos o que podem as plantas: elas são as alquimistas que transformaram integralmente a atmosfera do planeta com suas coreografias fotossintéticas. Pode uma árvore sentir? Uma próxima pergunta, que nos obriga a repensar as *aisthesis* que empobrecemos ao separar o mundo em sujeitos e objetos, e que possivelmente indetermina a rígida taxonomia entre ser, sentir e pensar que sentenciou a ilustração de *Liber de sapiente*.[16] Uma pergunta, sobre o sentir vegetal, teve toda classe de respostas ao longo da história:

---

16. Ali, as plantas são esses seres vivos imediatamente superiores às pedras, mas inferiores aos animais (vivos e sensíveis) e aos humanos (vivos, sensíveis e pensantes). Refiro-me a Charles de Bovelles, *Liber de sapiente*, de 1509.

desde o poema de Jovianus Pontatus, que narra a lenda de amor entre duas palmeiras tamareiras, cuja paixão ultrapassa a dificuldade da separação geográfica,[17] até as recentes explicações da neurobiologia vegetal, segundo as quais as plantas têm percepções sensoriais que originam respostas motoras, determinam a forma de seus órgãos (Baluška; Mancuso, 2009, p. IX), modulam seu comportamento futuro e permite-lhes emitir sinais a outros organismos vegetais e interatuar com insetos e outros animais (cf. Mancuso; Viola, 2015). Entretanto, a pergunta continua seu caminho determinante. As plantas podem sentir curiosidade? Quase uma tergiversação situacionista, essa pergunta obriga-nos a considerar a curiosidade, uma *Stimmung* tradicionalmente antropogenética,[18] como uma capacidade vegetal. Segundo sua relação etimológica com cura, curiosa, assim, poderia ser a árvore que exercita sempre seu modo displicente do cuidado ao habitar de maneira recíproca o devir dos inter-reinos com a produção do sopro que respiramos. E se a curiosidade for pelos humanos? Pode uma árvore sair de sua "indiferença soberana" e interessar-se pela cultura humana? Claro que pode: uma árvore sempre está disposta para fora, exposta e em continuidade com o todo que a rodeia. Como diz Emanuele Coccia (2017, p. 56), ela é uma adesão integral e cuidadosa ao seu entorno, incluindo o mundo humano. E, finalmente, pode uma árvore se interessar pelo mundo humano e tentar...? Que tipo de tentativa não se sabe, embora talvez, pelo contexto, pudéssemos supor que se trata de uma tentativa de destruição, como a que vemos no vídeo de Hietbrink. Se este for o caso, certamente as árvores não precisam de roldanas para movimentar-se, invadir e destruir tudo ao seu redor, pois já dizia Maeterlinck (1985, p. 12): "esse mundo vegetal que vemos tão tranquilo, tão resignado, em que tudo parece aceitação, silêncio, obediência, recolhimento, é, ao contrário, aquilo em que a rebelião contra o destino é a mais veemente e a mais obs-

---

17. Referida por Robert Burton em *Anatomy of Melancholy* (1621). Poema: "De Hortis Hesperdim" (cf. Stableford, 2006, p. 68-72).
18. Penso em Heidegger, o tédio que abre o mundo por contraposição ao aturdimento animal, e na ideia do assombro como surgimento da filosofia.

tinada". A árvore deixa, dessa maneira, de ser um símbolo "natural" para converter-se, talvez, em um modelo analógico de uma revolta insubmissa.[19]

"La respuesta de las cosas" de Paola Sferco é uma videoinstalação em três canais por meio dos quais se projetam imagens de espaços distintos onde a artista interage com diversos objetos cotidianos. Umas botas movem-se debaixo de uma mesa manipulada e inclinada por uns braços que imaginamos, deixando cair elementos de cozinha e de alimentos. Algo que resiste e segura-se na mesa, finalmente cai. Uma loja de acampamento em uma espécie de prado, caixas de papelão, trapos que voam. As coisas possuem vertigem? Uma figura humana, cujo rosto não vemos, manipula objetos ou passeia com uma capa e guarda-chuva em meio a uma paisagem nebulosa. Um pássaro come migalhas. Um gato boceja e há frutas sobre uma cama em uma casa vazia. Alguém dorme nessa cama com as frutas fazendo companhia. A ordem de duas cadeiras altera-se por uma corda que sobe pela escada e atira-se de uma delas. A cadeira cai e volta a levantar-se. Um movimento sutil de dobradiça, não escandaloso, um "destempo" produzido na alteração, que provoca a localização e o movimento inesperado dos objetos. Gavetas que se abrem e se fecham em uma dança cadenciada. As coisas respondem, ou seja, são responsáveis (capazes de dar respostas) diante das interações que são propostas por esse corpo humano que as busca. As coisas possuem lógicas que lhes são próprias, as quais Sferco explora em seu cotidiano entre elas. Lemos em uma das transcrições da obra:

> that everything will
> fall when it should
> sound how it should
> land where it should
> move when it should

---

19. Sobre as diferenças entre símbolo e analogia, cf. Melandri (2007).

be hidden as it should
contain what it should
take shape as it should
do what it is meant to do

is it only a chair until it is not
does green citrus unmake a bed

que tudo irá
cair quando deve
soar como deve
pousar onde deve
se mover quando deve
estar escondido como deve
conter aquilo que deve
tomar forma como deve
fazer o que está destinado a fazer
será que é só uma
cadeira até não ser mais
será que um limão
verde desfaz uma cama

[Tradução para o português por Alexandre Barbosa]

Dessa vez, Outranspo consegue, com um verbo modal, traçar um "assim" irreparável do ser das coisas que excede o mundo humano (Agamben, 2001, p. 73). Um desafio do determinismo passivizante, com o qual se pensou os objetos, ou melhor, uma absolvição do automatismo ao qual a matéria sempre foi condenada (cf. Iovino; Oppermann, 2018).

O conto de Pablo Martín Ruiz, "El misterio de cuarto cerrado", foi designado especialmente pela curadora e nele estão presentes, diz-nos, alguns aspectos do voo curatorial do "Pássaro Lento", em uma articulação lúdica de analogias horizontais. O visitante é, aqui, um leitor, a curadora uma tradutora e os feitos artísticos (escolhidos por sua acessibilidade perceptiva em vez de sua compreensão intelectual) evidências de um enigma com tantas resoluções quantos leitores houver. O conto coloca em jogo essa articulação através de uma história de mistério que é, por sua vez, uma reflexão sobre o ofício de traduzir, palavras e textos, a natureza criativa (insurrecional) e racional (obediente) da tradução, o vínculo entre a tradução e a resolução de enigmas e entre a criação e a interpretação. Um casal de tradutores comenta, na cotidianidade pouco angelical de seu trabalho, os estratagemas muito complexos de um outro casal de eminentes tradutores (uma materialista, o outro idealista) que embarcam em um enredo de desaparição, de traduções e de diversas enganações. Um tradutor pensa em como escrever essa história, no meio intercalam-se a fragmentos dos textos que devem traduzir: um sobre máquinas de ler, outro sobre a relação entre a morte e a razão e uma estranha antologia de textos xamânicos e poéticos. Deixarei sem formulação o enigma que desencadeia as peripécias, ou os modos possíveis de suas resoluções, pois o que me interessa destacar é o interstício que abre o conto entre as obras que, como pequenos mistérios do quarto fechado, vão abrindo-se, umas depois das outras, em uma tradução arborescente: um enigma que se resolve, ou não, sem que importe como dado que o crucial foi a explicitação da infinidade de camadas de sentido (sentido que deve ser entendido em sua duplicidade semântico-sensorial) que não poderá ser esgotada. O conto abre com uma consideração sobre as letras que poderia servir como descrição das obras localizadas na exposição:

> Se uma pessoa as observa minuciosamente, deixando que este olhar desloque-se em distintas direções, esquecendo o modo no qual acostumamos a olhá-las, sente-se a presença de formas que pedem para ser contempladas em seus detalhes, em seu desenho, em sua disposição; em suas linhas breves retas ou curvas, contidas, precisas, que deixam abertos os espaços ou que se fecham sobre si mesmas. Acomodam-se em disposições que poderiam ser tomadas como aleatórias, em distâncias regulares que facilitam tal contemplação, porém também deixando entre elas, espaços em branco, pequenos

nadas de sentido, pelos quais, algum outro sentido, imprevisivelmente, circula. (Ruiz *in* Fontes, 2018, p. 47)

As obras sucedem-se juntas, caem uma ao lado da outra em uma proximidade não simbólica, ou seja, não são realocáveis como partes de um todo ideal (o discurso curatorial-policial) que as hierarquiza. Sua proximidade é material, aleatória, sintomática [sin-pípto: cair conjuntamente] e, por isso, formam uma comunidade de linguagens e materiais diversos (escultura, desenho, instalação, cinema, vídeo, música, pintura ou literatura), que expõe seu exercício coletivo de *simpoiesis* responsável que inclui o olhar inacabável, aviário, do visitante. A exposição é um monstro "metade pássaro e metade pássaro", como a estranha criatura do texto xamânico que o tradutor traduz no conto de Ruiz (*in* Fontes, 2018, p. 65), "um pássaro infinito", que sobrevoa um espaço imenso que está dentro de si.

"Nota al pie", a obra de Claudia Fontes que acompanha e serve de texto curatorial de toda a mostra, é o conto policial de Ruiz, fragmentado em palavras e em forma de etiquetas que taxonomizam mais de cinco mil e quinhentos pedaços de ornamentos de porcelana quebrados por oito gaivotas, cobertos em uma tela de algodão, costurada à mão por quarenta mulheres, e dispostas por cima, segundo certas afinidades formais em uma vitrine. Um curioso conjunto de lógicas de existência diversas parece aqui se sobrepor. Primeiro, Fontes dispõe sobre o teto de sua casa a mistura mineral moldada em figuras estereotipadas de animais e de humanos (os ornamentos de porcelana) e a deixa à mercê da circulação das gaivotas que se aninham ali. Recorre aos fragmentos e, sem restituí-los a um todo que ordena, busca preservá-los em fragmentos: junto a outras mulheres, costura bolsas ao seu redor para ocultar o conteúdo e ressaltar a forma, dispensando-os assim de sua figuração simbólica convencional e transformando-os em matéria análoga e sintomática. Contra a ação soberana que desnuda o existente para despojá-lo de suas formas e servir-se dele como matéria inerte e extraível, a amorosa tarefa de costurar, vestir e revestir os restos fragmentários dispõe-nos para novos usos possíveis, sempre provisórios: embora dispostos em uma vitrine de acordo com suas afinidades formais, formando protetores visuais, e que formam pequenos poemas quando o olho sobrepõe o visível ao legível das etiquetas, não é possível já a restituição do Sentido, mas somente uma olhada panorâmica de pássaro em voo que explora esse espaço poroso e permeado em que tudo está imerso, eventualmente apenas uma tradução constante e sempre inacabada de uma língua por vir.

Renunciando desta vez à sua especialidade artística, a escultura, Fontes abre um espaço de interação animal/mineral: uma *poiesis* animal que é uma des-obra, a deformação de figuras ornamentais produzidas em série, um fazer espontâneo, produzido no curioso voo de seus amigos pássaros. Ao contrário da exploração profissional de milhares de artrópodes para pegar o universo em uma teia de aranha, proposto por Saraceno (cf. Lucero, 2017),[20] Fontes oferece as figuras ao livre jogo das gaivotas e limita-se a recolher os pedaços em um gesto centrífugo que lhes restitui não somente a capacidade lúdica de ação, como também, por ventura, a alma. "Revelar o pássaro como alma, mostrar que é pessoa", diz a citação de Michelet que aparece no estranho texto xamânico que chega ao personagem do conto de Ruiz para traduzir. Esse poderia ser também o objetivo de Cláudia ao presenteá-los com ornamentos. E logo, ao dispor os fragmentos etiquetados com palavras de um conto que narra enigmas que vão proliferando-se como um contágio mineral por proximidade, a artista parece imitar a estrutura ramificada e arborizada que o narrador do conto imagina para seu próprio enredo, o do mistério do quarto fechado. Esta "Nota al pie" é, talvez também um sopro vegetal que faz o espaço (a *chorá* onde as imagens têm lugar) (De Vito, 2015, p. 60), cria uma atmosfera respirável, graças à qual as ideias são esquecidas, e "o fora se introduz dentro sem romper nada",[21] pois finalmente fora e dentro, natureza e cultura, visual e conceitual, são um *continuum* de matéria autoexpressiva.

20. A obra de Tomás Saraceno é: "Cómo atrapar el universo en una tela de araña", exposta no MALBA de Buenos Aires em 2017.
21. Transcrição da obra de Žilvinas Landzbergas em Fontes (2018, p. 75).

Epílogo

Justo quando decido desistir da escrita desta conferência, encontro, entre meus arquivos desordenados, a filmagem do momento do encontro de Claudia com a ave, um urubu que ocasionou a imagem do pássaro lento. Dou-lhe uma imagem ocular à ideia imaginária com a qual começara. No vídeo de três minutos que não forma parte do material exposto, pode-se ver uns pés avançando seguramente sobre a superfície de uma placa. Dá vertigem este caminhar desfocado por um piso que se adivinha irregular. Sem solução de continuidade, a imagem é cortada e vemos um pássaro preto que pousa sobre o teto. Sacode as asas e a cabeça e olha para a câmera. Seu bico é curvado, não o havia sequer imaginado. A imagem treme e o pássaro eleva-se voando ao redor do edifício. O céu, como já havia imaginado, não tem nuvens. Um jardim rodeia a construção sobre a qual estamos. E outras construções o rodeiam, por sua vez, naquela proximidade irredutível das árvores do parque.

Se o ponto de partida do processo criativo imaginado por Fontes era o perspectivismo animal que, por um lado, preparava-se para uma experiência perceptivo-afetiva não fechada em uma dependência do inteligível, e, por outro lado, propunha em um espaço cultural-natural (pavilhão-parque), no qual se localizaria a série de obras uma relação não antropocentrada, o resultado parece ter sido uma curadoria horizontal atravessada por diversas lógicas do existente, que se afasta da habitual curadoria que coordena (e hierarquiza) as obras em função de uma narrativa que as justifica. O ponto de chegada é, assim, um novo começo: o voo que levanta o pássaro preto para quem estão dispostos os fragmentos da nota ao pé.

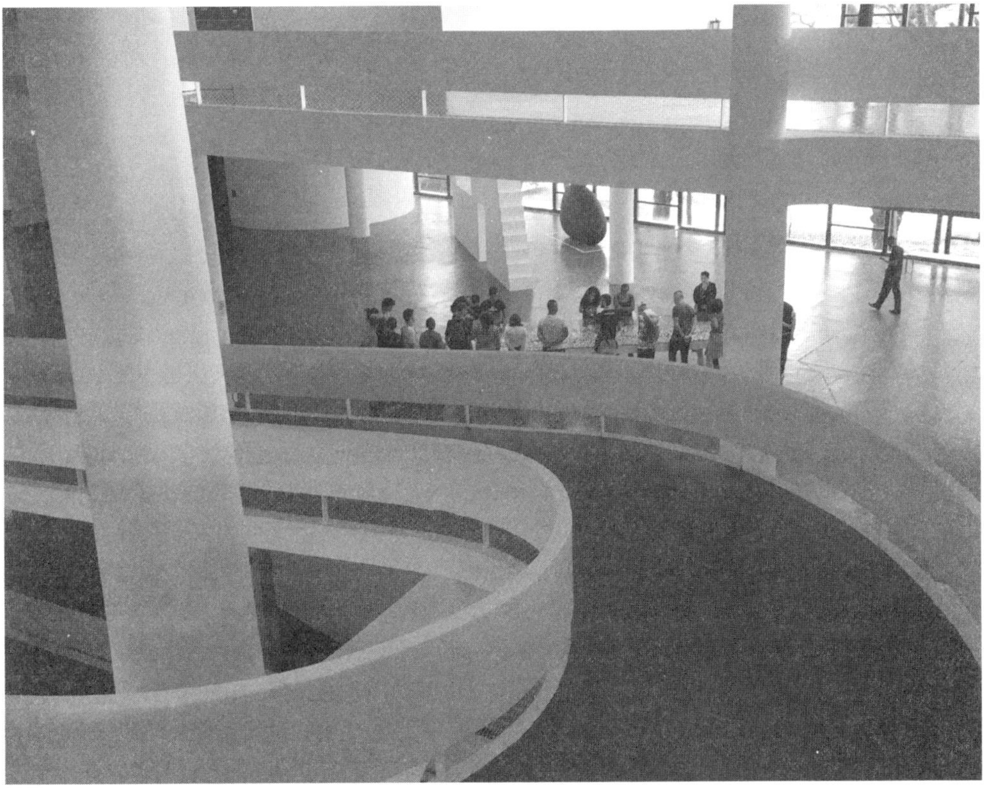

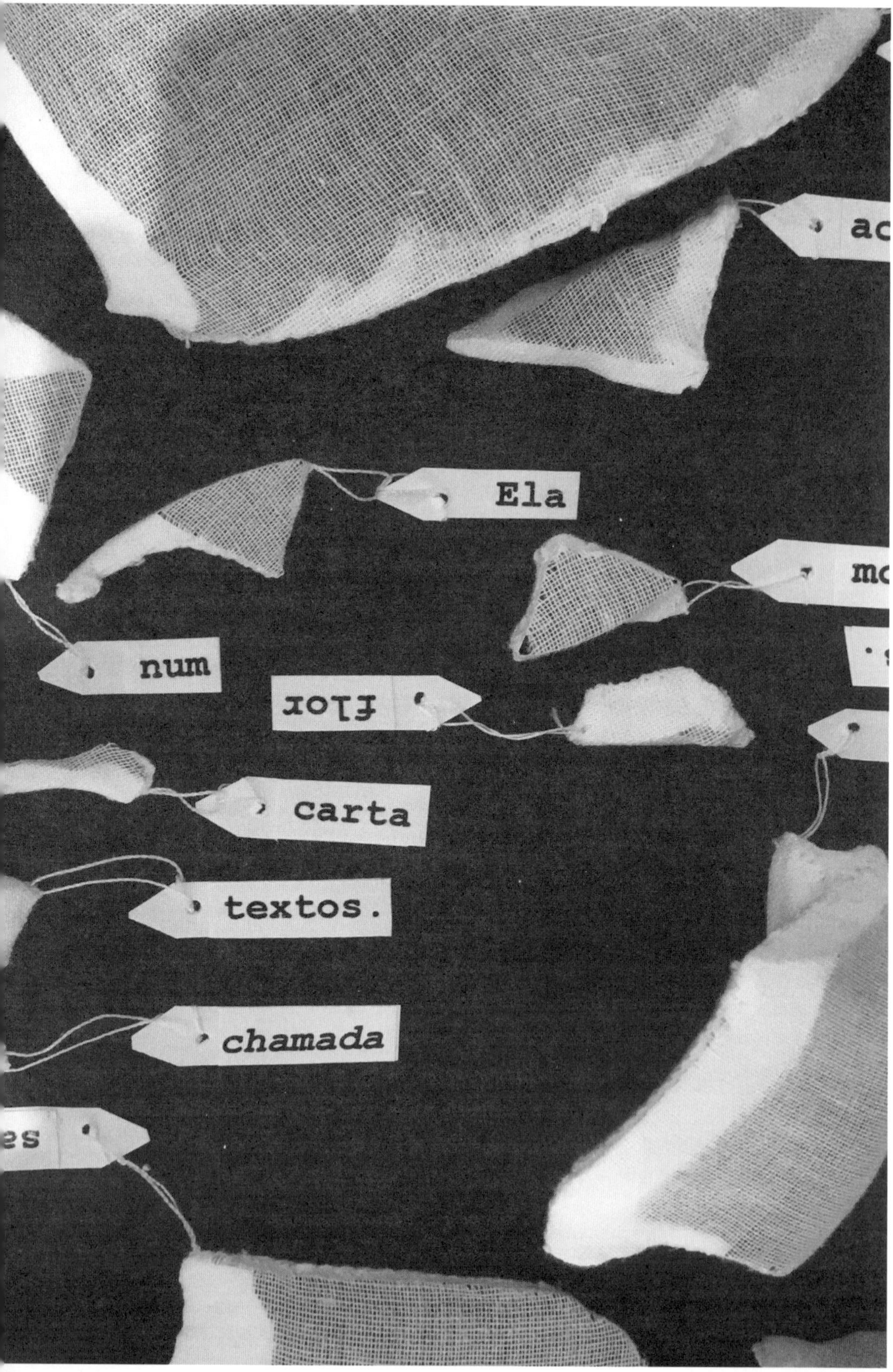
Ela
num
flor
carta
textos.
chamada

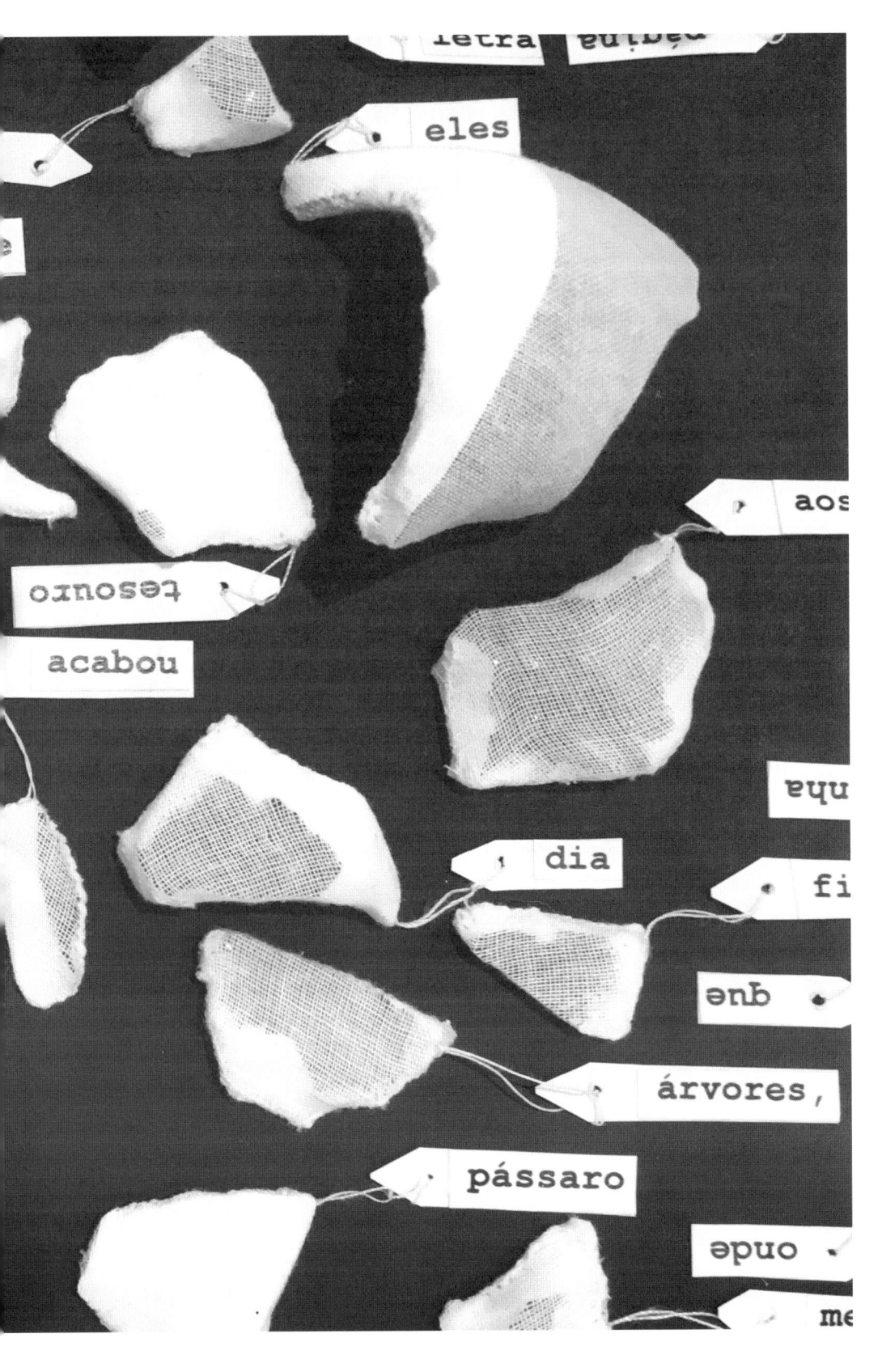

letra
eles
aos
tesouro
acabou
dia
que
árvores,
pássaro
onde

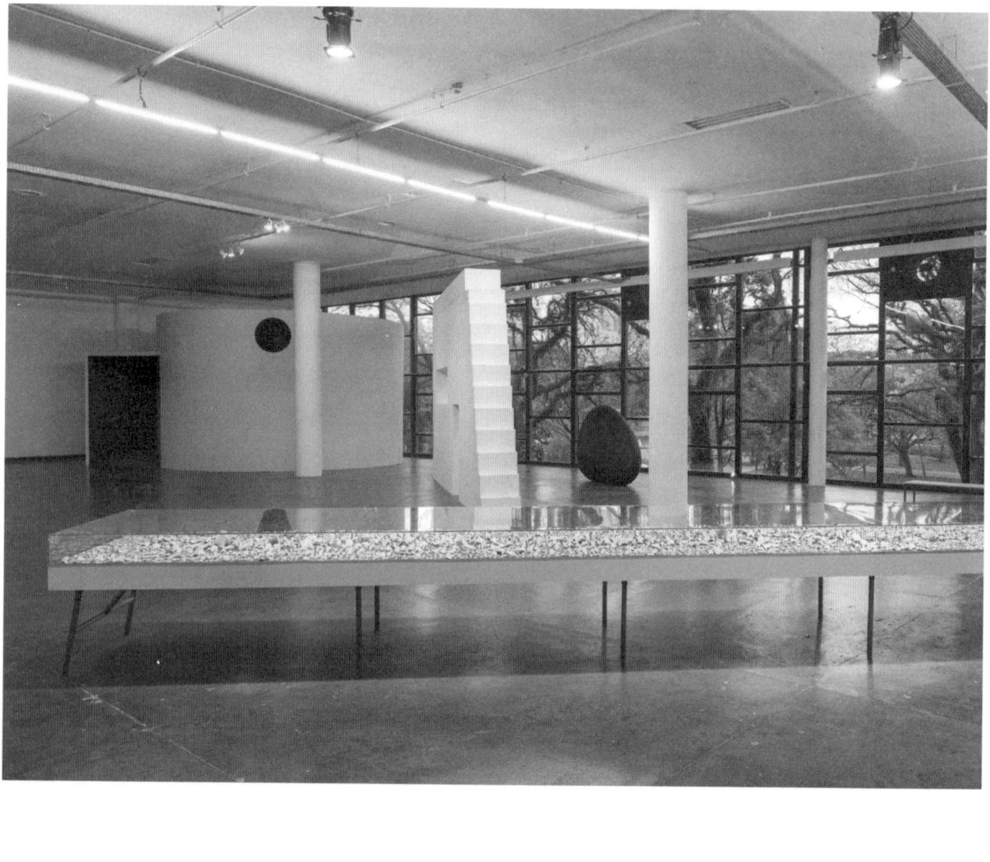

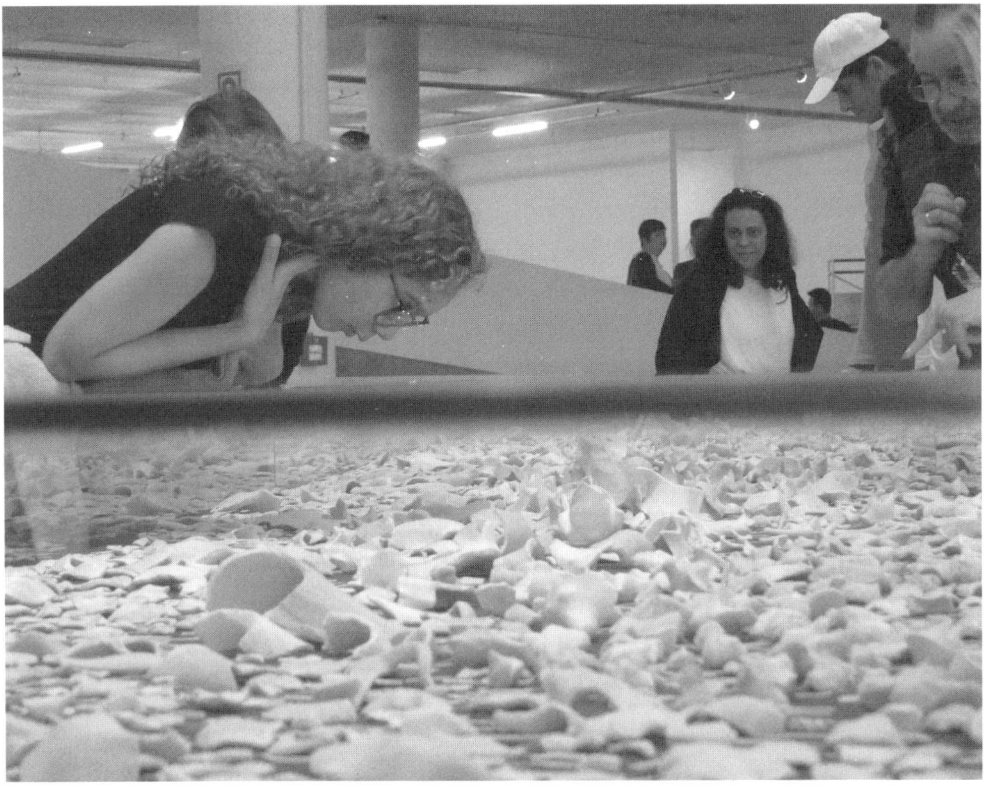

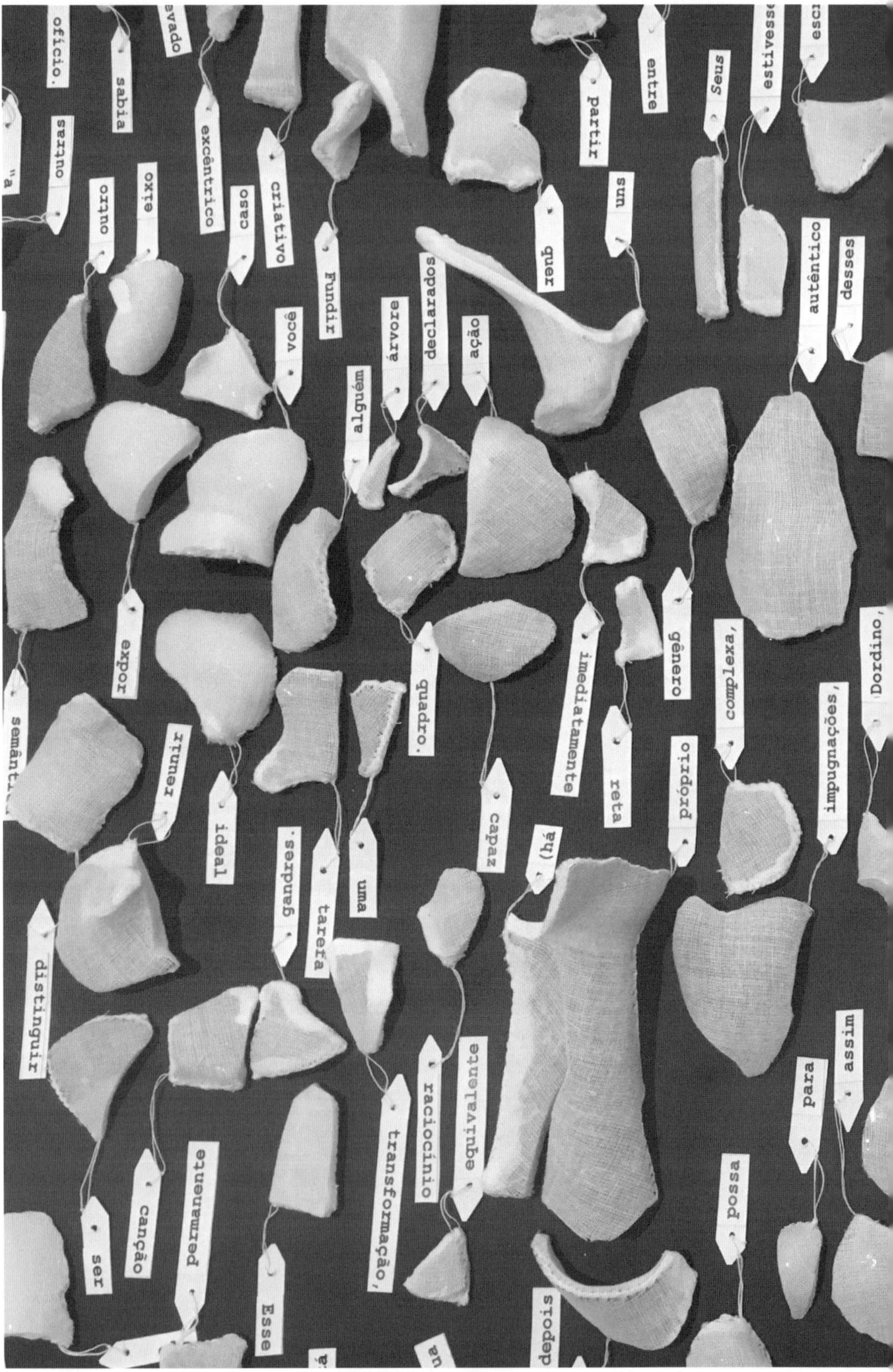

ofício.
sabia
outras
outro
eixo
excêntrico
caso
criativo
Fundir
entre
partir
uns
quer
Seus
estivesse
autêntico
desses
você
alguém
árvore
declarados
ação
expor
quadro.
imediatamente
reta
gênero
complexa,
próprio
impugnações,
Dordino,
reunir
ideal
capaz
(há
gandres.
tarefa
uma
distinguir
equivalente
raciocínio
transformação,
permanente
canção
ser
Esse
depois
possa
para
assim

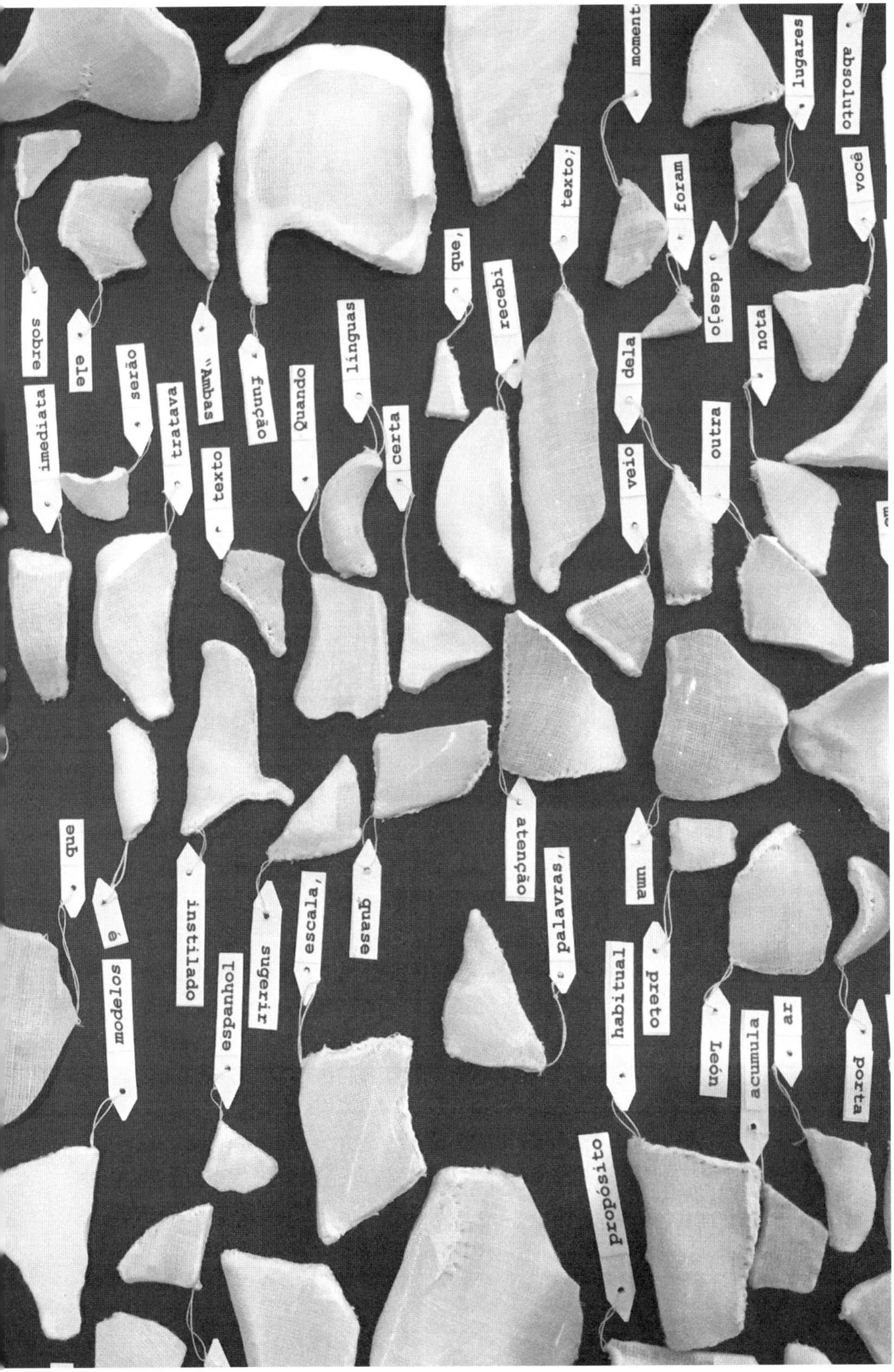
sobre
ele
imediata
serão
"Ambas
tratava
função
texto
Quando
línguas
certa
que,
recebi
texto;
veio
dela
foram
desejo
outra
nota
lugares
absoluto
você
que
é
modelos
instilado
espanhol
sugerir
escala,
quase
atenção
palavras,
uma
habitual
preto
propósito
León
acumula
ar
porta

Fotografias

Foto 1, pág. 93 - El pajaro lento, Claudia Fontes, Nota al pie, vista aérea.
© Claudia Fontes

Foto 2, págs. 94-95 - El pajaro lento, Claudia Fontes, Nota al pie, detalhe.
© Claudia Fontes

Foto 3, pág. 96 - El pajaro lento, Claudia Fontes, vista da sala.
© Pedro Ivo Trasferetti / Fundação Bienal de São Paulo

Foto 4, pág. 97 - El pajaro lento, Claudia Fontes, Nota al pie, leitora.
© Pablo Martín Ruiz

Foto 5, págs. 100-101 - El pajaro lento, Claudia Fontes, Nota al pie, detalhe.
© Claudia Fontes

Referências

ADORNO, T. W. "III. Meditaciones sobre la metafísica". In: *Dialéctica Negativa*. Trad. J. M. Ripalda. Madrid: Taurus, 1984. p. 361-405.

_____. *Terminología Filosófica*, Tomo II. Trad. R. Sánchez Ortiz de Urbina. Madrid: Taurus, 1989.

AGAMBEN, G. "Che cos'è l'atto di creazione?". In: *Creazione e anarchia*. Vicenza: Neri Pozza, 2017.

_____. *Image e mémoire*. Paris: Desclée de Brouwer, 2004.

_____. *Karman*. Torino: Bollati Boringhieri, 2017.

_____. *La comunità che viene*. Torino: Bollati Boringhieri, 2001.

_____. *L'uso dei corpi*. Homo sacer, n. IV, v. 2. Vicenza: Neri Pozza, 2014.

_____. "Notas sobre el gesto". In: *Medios sin fin*. Trad. A. G. Cuspinera. Valencia: Pre-textos, 2001.

BALUŠKA; MANCUSO, S. (eds.). *Signaling in Plants*. Berlin/Heildelberg: Springer-Verlag, 2009.

COCCIA, E. *La vida de las plantas*. Buenos Aires: Miño y Dávila editores, 2017.

DE VITO, E. *L'immagine occidentale*. Macerata: Quodlibet, 2015.

FLEISNER, P. "El animal como medio. Notas sobre zoopolíticas artísticas". *Tabula Rasa*, n. 31 (especial sobre animalidad), Bogotá, Universidad Colegio Mayor de Cundinamarca, p. 77-97, jun. 2019 .

_____. "O sublime animal. Uma leitura a contramão da experiência sensível da (in) dignidade humana". In: FREITAS V.; COSTA, R.; PAZETTO, D. (org.). *O trágico, o sublime e a melancolia*, v. 2. Belo Horizonte: Relicário Edições, 2016.

GORI, P. *Nietzsche y el perspectivismo*. Trad. F. Müller y V. Schuster. Córdoba: Ed. Burjas, 2017.

GRUSIN, R. (ed). *Anthropocene Feminism*. London/Minneapolis: University of Minnesota, 2017.

HARAWAY, D. "Anthropocene, Capitalocene, Plantationocene, Chthulucene". *e-flux journal*, n. 75, septiempre de 2016.

IOVINO, S.; OPPERMANN, S. "Ecocrítica materialista". Trad. G. Lucero y N. Billi. *Pensamiento de los confines*. Buenos Aires, Guadalquivir, n. 31-32, primavera-verano 2018, p. 207-219, 2018.

KANT, I. *Crítica del juicio*. Trad. M. García Morente. México: Porrúa, 1996.

LÁZARO, R. "Haroldo de Campos. Recorrido por sus textos teóricos". *Mutatis Mutandi*, v. 5, n. 2, 2012.

LUCERO, G. "La comunidad obrada", Ponencia inédita pronunciada en el X Seminario Internacional Políticas de la Memoria. Arte, memoria y política en el Centro Cultural Haroldi Conti, Espacio de Memoria y Derechos Humanos (ex ESMA), 28-30 de septiembre de 2017.

LUDUEÑA ROMANDINI, F. *Más allá del principio antrópico*. Buenos Aires: Prometeo, 2012.

MAETERLINCK, M. *La inteligencia de las flores*, §II. Trad. J. B Ensenat. Buenos Aires: Hyspamérica, 1985.

MANCUSO, S.; VIOLA, A. *Sensibilidad e inteligencia en el mundo vegetal*. Trad. D. Paradela López. Barcelona: Galaxia Gutenberg, 2015.

MARVELL, A. "A su amante esquiva", referido en el cuento de U. K. LE GUIN, "Más vasto que los imperios y más lento". In: *Las doce moradas del viento*. Trad. M. E. Ruis. Barcelona: Edhasa, 2004.

MELANDRI, E. *La línea e il circolo. Studio lógico-filosofico sull' analogía.* Macerata: Quodlibet, 2007.

MONTANI, P. *Bioestetica. Senso comune, tecnica e arte nell'età della globalizzazione.* Roma: Carocci, 2014.

NIETZSCHE, F. *Fragmentos póstumos* (1885-1889), Tomo IV, Trad. J. L. Vermal y J. B. Llinares. Madrid: Técnos, 2008.

_____. *Más allá del bien y del mal.* Trad. A. Sánchez Pascual. Madrid: Alianza, 1983.

ROSSINI, M. "To the Dogs: Companion speciesism and the new feminist materialism", *Kritikos, an international and interdisciplinary journal of postmodern cultural sound, text and image*, Volume 3, September 2006. Disponível em: http://intertheory.org/rossini.

RUIZ, M. P. "El misterio de cuarto cerrado". In: FONTES, C. *The Slow Bird. Curatorial Fiction*, 33 Bienal/ sp, 2018.

STABLEFORD, B. *Science Fact and Science Fiction, An Encyclopedia, "Botany".* New York/London: Routledge, 2006.

TARIZZO, D. *La vita, un' invenzione recente.* Roma/Bari: Laterza, 2010.

VIVEIROS DE CASTRO, E. *La mirada del jaguar. Introducción al perspectivismo amerindio.* Entrevistas. Buenos Aires: Tinta Limón, 2013.

A contingência dos crustáceos:
uma metáfora sartriana do corpo[1]

Gilles Tiberghien

Sempre me pareceu interessante observar o funcionamento das metáforas nos textos filosóficos, em vez de rejeitá-las como elementos que corrompem o raciocínio. Frequentemente, elas são sintomas, manifestações de algo impensado. Goste-se ou não, essas metáforas são, de resto, recorrentes no discurso filosófico. De forma legítima, aliás, pode-se ainda questionar se o discurso filosófico é capaz de superar a metáfora, e se é realmente verdade que a passagem histórica do *logos* ao *mythos* suprimiu a sua existência.

Em todo caso, pode-se dizer que, desde Nietzsche, não paramos de nos interrogar sobre o que significa a metáfora para a filosofia. Hans Blumenberg (2006), na Alemanha, em seus *Paradigmas por uma metaforologia* ou, na França, Paul Ricouer (1975) em *A metáfora viva* e Jacques Derrida (1972) com *A mitologia branca* produziram importantes estudos sobre o tema. Bachelard, antes deles, ao perseguir as metáforas no discurso científico, não as considerava como um mero "obstáculo epistemológico" ao progresso do conhecimento, pois nem todas as metáforas são *imediatas*, do tipo daquelas que nos empurram para o pensamento autônomo, afastando-nos do verdadeiro conhecimento: elas também permitem ilustrar

---

[1]. Tradução de Talita Rocha e revisão de Pedro Hussak.

o saber. Goste-se ou não, existem metáforas em todo discurso filosófico. Algumas são *efetivas*, outras *apagadas* ou *extintas*, todo movimento de metaforização nesse domínio seria, considerando-se Derrida (1972, p. 268-269), "apenas um movimento de idealização".

Sem aprofundar nessas considerações, dado que o meu objetivo não é abordar a metáfora em geral, eu gostaria de estudar um exemplo na obra de Sartre que considerarei não apenas como um filósofo, mas como um escritor que excede tal distinção, geralmente artificial e aqui particularmente pouco operativa no que lhe diz respeito. Além disso, ele refletiu várias vezes sobre o estatuto da metáfora em seus textos sobre a escritura ou sobre a leitura. Em *O Imaginário*, por exemplo, ele fala da maneira pela qual podemos criar certas representações espaciais como um equivalente sensível para compreender proposições abstratas. Algo frequente

> nos filósofos, ou seja, nos homens que têm um grande hábito de 'pensar sobre o pensamento', como diz Goethe, isto é, que estão profundamente penetrados pelo caráter imaterial do pensamento, que sabem de longa data que ele escapa a todo esforço para representá-lo, defini-lo, cristalizá-lo, e que, por conseguinte, só de modo sóbrio e com alguma repugnância usam de comparações e de metáforas quando falam dele. (Sartre, 1996, p. 153)

Sartre tende às vezes a considerar a leitura filosófica como uma operação puramente espiritual, ao contrário daquilo que acontece em um romance. No entanto, se eu sou "sobretudo" consciência, por isso eu não sou puro espírito, e é nisso que sua concepção de leitura difere de uma certa concepção "clássica" que abstrai completamente o corpo. Para Sartre, o meu corpo sempre está lá quando eu leio, mesmo que eu tenha uma consciência "não-posicional". Eu posso ter fome, ter dor nos olhos, minha dor é difusa e, assim como meu corpo, ela é "a matéria translúcida da consciência" ou, ainda, como ele diz em *O Ser e o Nada*, ela é "a própria contingência do ato de leitura". Mais adiante ele explica que por mais absorto que esteja em minha leitura, nem por isso deixo de fazer o mundo advir ao ser; ou melhor: minha leitura é um ato que encerra em sua própria natureza a existência do mundo como fundo necessário. [...] Correlativamente, meu corpo não deixa de ser indicado pelo mundo como ponto de vista total sobre a totalidade mundana, mas é o mundo como fundo que o indica. (Sartre, 1943, p. 399; Sartre, 2007, p. 421)

Ora, apesar de Sartre não colocar sempre no mesmo plano esses dois tipos de leituras, romântica e filosófica, parece-me que, por um lado, não existe distinção de natureza entre as duas e que, por outro lado, a própria escritura filosófica envolve o corpo por meio do uso das metáforas das quais ela se serve.

A metáfora do crustáceo, da qual estamos prestes a falar, parece-me ser o sintoma da negação do corpo na escrita filosófica. Para entregar-me à análise da maneira pela qual ela funciona em toda obra de Sartre, começarei pela leitura de um texto de Simone de Beauvoir tirado de *A força da idade*:

Obviamente sabia que eram casas e relógios; não era de dizer que acreditava nos olhos e nos ritos, mas um dia acreditaria. Um dia se convenceria realmente de que uma lagosta corria atrás dele. [...] Sartre disse-me abruptamente que estava farto de ser louco. Durante toda a viagem, as lagostas tinham tentado segui-lo; desta feita, largava-as definitivamente. Manteve a palavra: seu bom humor foi, desde então, imperturbável. (Beauvoir, 1960, p. 217; p. 228)

Esse testemunho de Beauvoir fornece-nos informações sobre a origem de uma metáfora persistente, insistente, em toda a obra de Sartre. Na época em que ele escrevia o seu livro *A imaginação*, em 1935, ele estava naturalmente interessado nas anomalias da percepção e nas alucinações. Assim, ele foi levado, por exemplo, a discutir a tese de Taine segundo a qual "a percepção é uma alucinação verdadeira" (cf. Sartre, 2012, p. 91 et seq), para criticar aquilo que ele chama de seu associacionismo. Um antigo colega, o Dr. Lagache, propôs-lhe então experimentar a mescalina. Foi logo após essa experiência que ele apresentou problemas acompanhados de visões. Para Beauvoir, a crise que ele atravessou durante seis meses estava ligada ao fato de que ele não se resignava a entrar na "idade da razão", na "idade de homem". Com a depressão superada, Sartre deu uma "licença definitiva" aos crustáceos que, no entanto, retornaram clandestinamente, encontrando uma nova existência em sua obra.

Sartre sempre teve horror aos crustáceos. Em *As palavras*, por exemplo, ele se lembra:

> Pensei desmaiar um dia, no trem de Limoges, ao folhear o almanaque Hachette: dei com uma gravura de arrepiar os cabelos: um cais sob a luz, uma longa pinça rugosa emergia d'água, ferrava um bêbado, arrastava-o ao fundo do porto. A imagem ilustrava um texto que eu li avidamente e que findava – ou quase – com essas palavras: 'Era aquilo uma alucinação alcoólica? Entreabria-se o inferno?' (Sartre, 1964, p. 125; cf. Sartre, 1967, p. 95)[2]

Para Beauvoir (1983, p. 422), que lhe perguntou o que tanto o enojava nos mariscos e crustáceos, ele respondeu:

> Creio – pelo menos no que se refere aos crustáceos – que sua semelhança e sua relação com os insetos, os que vivem no ar e não na água, mas que têm esse grau de vida e essa consciência problemática que me incomodam e que têm sobretudo uma aparência em nossa vida quotidiana de serem completamente ausentes de nosso universo – quase completamente ausentes – que os coloca à parte. (cf. Beauvoir, 1982, p. 437)[3]

---

2. Em agosto de 1939, em uma carta a Louise Védrine, Sartre (1983, p. 257) refere-se a uma cena semelhante – vários anos depois do experimento da mescalina: "Eu fiz o meu quilômetro esta noite. Mas depois de quinhentos metros eu tive medo do animal. Eu te falei sobre isso. É este animal horrível que fica no fundo da água. Eu imagino que ele levanta uma enorme pinça de caranguejo e que me atrai para os seus doze pares de patas".
3. Michel Onfray (1989, p. 60), que, em *Le ventre des philosophes*, dedicou um capítulo a Sartre e à "vingança do crustáceo", interessa-se essencialmente pelo caranguejo em termos de alimento, declarando que "os crustáceos têm um modesto triunfo, eles não se incrustarão em obras teóricas, apenas como objeto de psicanálise existencial". Ora, parece-nos, pelo contrário, que devemos questionar sua onipresença tanto nas obras literárias quanto filosóficas de Sartre para compreender seu estatuto particular.

Em si, o que provoca o asco é a indeterminação dos reinos, o caráter indecifrável do caranguejo, o qual não sabemos se é um mineral ou um ser vivo, que parece ter a impassibilidade das coisas, mas que manifesta uma vida, uma possibilidade de consciência. Na repulsa de Sartre, há uma espécie de "horror sagrado", como se pesasse sobre tais seres uma interdição ligada às prescrições alimentares comparáveis às do Levítico, tão bem analisadas por Mary Douglas (2002; 1991) em seu livro *De la Souillure* [*Da impureza*]. "Ao comer um crustáceo, como coisas de um outro mundo", diz ainda Sartre na mesma entrevista; é quase uma transgressão.

A liberdade, como sabemos, é a questão central na filosofia sartriana, e sua afirmação está ligada à estrutura de consciência que nunca é o que ela é, porque ela é sempre ao mesmo tempo aquilo que ela não é. De modo que a liberdade é o próprio ser da consciência. Esse é um *fato* contra o qual não posso fazer nada. Posso no máximo esconder-me atrás de atitudes de má-fé, como naquela conhecida história do garçom de café analisada em *O Ser e o Nada*. Livre de minhas escolhas, eu não sou livre de parar de escolher. Em outras palavras, e para utilizar a famosa fórmula: "o homem está condenado a ser livre".

O lugar dessa condenação é o corpo. Eu sou o meu corpo tanto quanto eu o tenho. Eu o sou tanto quanto tenho de sê-lo, como tenho de ser esta fisionomia, este passado, esta situação histórica. Eu o tenho, ou seja, eu não o sou à medida que eu o ultrapasso incessantemente na direção deste ser que eu projeto sempre em tornar-me. Mas essa totalidade que eu pretendo, esse ser pleno, eu nunca alcançarei, exceto, precisamente, no dia da minha morte quando nada me separará de mim mesmo.

Meu corpo é a maneira pela qual minha consciência abre-se ao mundo. Encarnada nele, ela está sempre além. Ela o transcende e, no entanto, não pode não sê-lo. Meu corpo é a maneira pela qual eu apresento-me aos outros à primeira vista. Ele é "meu engajamento no mundo" e, como tal, manifesta minha *contingência*; "ele é apenas enquanto contingência". Ora, a contingência e a facticidade são uma única e mesma coisa; "o fato de não poder não ser livre é a facticidade da liberdade, e o fato de não poder existir é a sua contingência. Contingência e *facticidade* identificam-se" (Sartre, 1942, p. 567; 2007, p. 599). Mas Sartre (1942, p. 127; 2007, p. 134) abomina essa ideia da contingência, ainda que negue isso ao qualificar de "ilusão substancialista" a tentativa cartesiana de escapar dela. Pois se a aparição do para-si remete à tentativa do próprio ser de fundar-se, ela "corresponde a uma tentativa do ser para eliminar a contingência de seu ser, mas tal tentativa resulta na nadificação do em-si". É o seu caráter injustificável que, embora reivindicado como tal, é-lhe insuportável. Ser para si mesmo seu próprio fundamento, eis o sonho quimérico da consciência. Então, o fato de estar aí, esse corpo e não um outro, torna-me, ao mesmo tempo, objeto para mim mesmo e para os outros aos quais eu exponho-me ao mesmo tempo. Porque diz Sartre: "A consciência não deixa de 'ter' um corpo" e essa apreensão perpétua desse "gosto insosso e sem distância que me acompanha até nos meus esforços para livrar-me dele". É isso que Sartre (1942, p. 404; 2007, p. 426) chama de *náusea*, que "discreta e insuperável revela perpetuamente meu corpo à minha consciência em permanência".

Eu poderia, ainda, alimentar a ilusão de escapar desempenhando o papel das "belas almas", dos espíritos puros. Para tal, meu corpo deveria ser apenas uma pura exterioridade, "um ser submetido" vindo de fora. Na medida em que, para Sartre, a existência do outro é constitutiva do meu próprio ser, e que ser, para o homem, sempre já é ser com, toda consciência propriamente dita é ao mesmo tempo em que seu corpo está exposto ao olhar de uma outra consciência. Em outras palavras, na minha relação com o outro está inscrita a possibilidade de ser visto, ou seja, de ser objeto para ele.

Agora, se é difícil admitir que não sou o fundamento do meu ser, é intolerável pensar que um outro possa sê-lo. Existindo, eu escapo de mim mesmo, negando o ser que eu sou para tentar realizar aquele que eu não sou. E, no entanto, "basta que o outro olhe-me para que eu seja o que sou". Então, "se há um outro, qualquer que seja, não importa onde estiver, quaisquer que sejam suas relações comigo, ainda que aja sobre mim somente pelo puro surgimento de seu ser, eu tenho um lado de fora, uma natureza; meu pecado original é a existência do outro" (Sartre, 1942, p. 321; Sartre, 1971, p. 338).

É nesse contexto teórico que podemos analisar a metáfora sartriana do caranguejo. O olhar do outro congela-me no eu que sou sempre sobre o modo de não ser. Ao mirar-me, ele me "apreende" num corpo e arruína da mesma maneira o movimento transcendente da minha consciência. De alguma maneira, eu sou acompanhado por este corpo que eu sempre ultrapassei. Eu olho o outro e ele encontra-se, por sua vez, em uma situação semelhante, transcendência transcendida, coisificado pelo meu olhar. Mas se eu me virar, distanciando-me, eu sinto seus olhos nas minhas costas. Sem defesa, sou reduzido a esse exterior que eu carrego inesperadamente como uma carapaça. Assim, Roquentin em *A náusea*:

> Não preciso me voltar para saber que estão a olhar para mim através dos vidros: a olhar-me para as costas com surpresa e repugnância; julgavam que eu era como eles, que era um homem, e eu enganei-os. Num repente, perdi a minha aparência de homem, eles viram um caranguejo escapulir-se às recuadas daquela sala tão humana. (Sartre, 1981, p. 146; cf. Sartre, 1969, p. 156)

Aqui, novamente o erro. Eles pensavam que estavam lidando com um homem e era apenas um caranguejo, um ser escondido sob a contingência. Mas, se eles acreditaram, foi porque Roquentin enganou-os. Não que ele tenha feito intencionalmente, mas seu próprio ser é enganador. Daí a surpresa. O que provoca asco é essa coagulação da consciência reduzida a uma simples crosta. A consciência é ainda mais comprometida com o corpo, uma vez que o meu olhar não pode mais impedir o do outro. Um corpo visto de costas é obsceno apenas porque revela a "inércia da carne". As nádegas – mas os seios das mulheres também – manifestam uma "facticidade superabundante". "Eu gostaria de não ter costas", diz Lulu em intimidade. Ela acrescenta ainda: "eu estou convencida de que ele me pega no traseiro de propósito, porque sabe que eu morro de vergonha de ter um" (Sartre, 1981b, 95).

Enquanto Roquentin podia vê-los, os frequentadores do café estavam entregues ao seu olhar, ou seja, à sua potência de objetivação. Ao virar as costas, ele perde todo poder sobre eles. Por uma curiosa inversão, o que deveria ser sua parte vulnerável transforma-se de repente em uma casca dura que o protege, mas, ao mesmo tempo, dissimula a humanidade de Roquentin. O corpo, aqui, é uma secreção ossificada, o relicário endurecido de uma consciência doravante privada de transcendência, congelada dentro de si mesma. Mas a metáfora funciona tanto para designar uma consciência transformada em sua liberdade pelo olhar do outro quanto para figurar qual é o resultado do movimento de fuga sem objeto que, acreditando preservar sua liberdade ao se desapegar de tudo, junta-se à fria imobilidade das coisas. Assim, em *A idade da razão*, depois de, a pedido de Brunet, ter se recusado a se inscrever no Partido, Mathieu pergunta-se sobre o sentido de sua recusa. Seria para ser livre que ele havia agido assim? Mas livre para quê?

> Mathieu voltou-se para dentro do quarto, mas a luz seguiu-o. 'A minha poltrona, os meus móveis'. Em cima da mesa havia um pesa-papéis em forma de caranguejo. Mathieu pegou-lhe por cima como se estivesse vivo. 'O meu pesa-papéis. Para quê? Para quê?' Deixou cair o caranguejo sobre a mesa e declarou: sou um tipo lixado. (Sartre, 1945, p. 132; cf. Sartre, 1991, p. 91)

O caranguejo como pesa-papéis é "como se ele estivesse vivo", o que dá ainda mais peso à sua inércia repugnante. Ao considerar esse objeto, é a si mesmo que Mathieu contempla, algo que ele precisamente pode fazer somente por ter-lhe emprestado uma aparência de vida. Mas é um empréstimo para uma devolução. O caranguejo, na realidade, é Mathieu, uma consciência que se acredita livre porque desertou do corpo que o engaja no mundo, como essa mulher de má-fé que, em *O Ser e o Nada*, abandona sua mão ao homem que a corteja, persuadindo-se que ele dirige-se apenas ao seu espírito. "E, entrementes, realizou-se o divórcio entre o corpo e a alma: a mão repousa inerte entre as mãos cálidas de seu companheiro, nem aceitante, nem resistente – uma coisa" (Sartre, 1942,

p. 95; Sartre, 2007, p. 102), o contrário de uma consciência livre. Agora, esse corpo que eu tenho de ser, basta que o veja como o que sou para vê-lo com os olhos de um outro, em toda a sua contingência.

> Vejo a minha mão assente na mesa. A minha mão vive – sou eu. Abre-se, os dedos estendem-se, ficam assestados. Está de costas: mostra-me a barriga papuda. Parece um animal de pernas para o ar. Os dedos são as patas. Entretenho-me a fazê-los mexer muito depressa, como as patas dum caranguejo caído de costas. O caranguejo morreu: as patas descem-me sobre a palma da mão. (Sartre, 1942, p. 118; Sartre, 2007, p. 126)

O corpo, cuja mão é aqui metonímica, adquire uma autonomia que escapa à minha consciência. Ele transformou-se imediatamente em um estrangeiro. Eu não sou responsável por nada. "O corpo vive sozinho, uma vez que começou a viver", continua Roquentin. Não é a analogia da mão com o caranguejo que essa metáfora sugere a Sartre. É precisamente o contrário. A mão, de fato, é a parte mais imediatamente visível do nosso corpo e a que nós nunca poderemos ver inteiramente como o Outro a vê. Nas notas preparatórias de *A Náusea*, Sartre (1981a, p. 146) escrevia: "A contingência em mim: nos meus membros quando eu ando – incapacidade de me ver por inteiro".[4]

Eu sempre percebo o outro a partir do mundo que ele organiza segundo um projeto no qual seu corpo é um todo *em situação*. Cada um dos seus movimentos, cada um dos seus gestos, pertencem-lhe inteiramente. Fiel nisso à *Gestalttheorie* e às teses de Goldstein sobre o vivente e a estrutura do organismo, Sartre afirma: "o todo é que determina aqui a ordem e os movimentos das partes".

E continua:

> Para nos convencermos de que efetivamente trata-se aqui de uma percepção originária do corpo do outro, basta lembrar o horror que pode suscitar a

---

4. Lembramos também o horror inspirado pela mão cortada, revolvida pelo cabo na bengala em *O Cão Andaluz* de Luis Buñuel.

visão de um braço quebrado, que 'parece não pertencer a um corpo', ou algumas dessas percepções rápidas em que vemos, por exemplo, a mão do outro (cujo braço está oculto) trepar como uma aranha pelo batente de uma porta. Nesses diferentes casos, há a desintegração do corpo. (Sartre, 1942, p. 413; Sartre, 2007, p. 435)

A mão percebida como caranguejo ou como aranha é, no máximo, um concentrado de contingência. Minha mão é essa parte de mim que posso observar inteiramente sem nenhuma contorção em particular. Eu posso, assim, vê-la como o outro vê-me, mas sempre de costas, por assim dizer. Ela é para mim aquilo que Roquentin, deixando o café, é para aqueles que o veem afastar-se, carapaça de quitina sob a qual repousa uma consciência adormecida, não transparente e clara como aquela da qual Sartre fala em seu artigo sobre Husserl de 1939, mas já contaminada, impura, leitosa, sem graça.

Em suma, o crustáceo é sempre o não-humano, seja pelo excesso, seja pela falta de consciência. Que ela tenda a coincidir consigo, como coisas que são idênticas a si mesmas, ou que ela busque purificar-se em uma transcendência radical, em ambos os casos a consciência metamorfoseia-se em crustáceo. Sabemos o quanto Sartre tem horror à carne, à sua opacidade, sua inércia. O desejo emplasta a consciência e a sexualidade, é um "emaranhado" no em-si. A consciência salva o corpo fazendo-o existir até o momento em que, como nota François Georges (1976, p. 424), "esse corpo pouco reconhecido o atrai e o faz cair na carne". Se a metáfora do caranguejo designa o corpo em sua passividade como o local da queda, o caranguejo indica, ao contrário, o inchamento de uma consciência desencarnada, puro olhar destacado de toda contingência, elevado ao ponto de vista de um ilusório absoluto. Aqui, estamos justamente no caso da "boa alma" descrita por Hegel para estigmatizar os românticos que, para manter puras suas intenções, vão recusar a "sujar as mãos", para usar a expressão de Sartre. Assim são os caranguejos de *Os sequestrados de Altona*, assim é Franz quando se coloca como testemunha de seu século. Os crustáceos, os "caros ouvintes", "habitantes mascarados dos tetos", são as testemunhas e os juízes da História. Somente nessa qualidade eles deixam de ser homens. Eles metamorfosearam-se, tornando-se irreconhecíveis.

> Frantz
> 'No século XXX? Se ainda houver algum homem, ele será conservado em um museu… Você acha que eles manterão nosso sistema nervoso?'
> Leni
> 'E isso faz caranguejos?'
> Frantz, *bem seco*
> 'Sim. (*pausa*). Eles terão outros corpos, outras ideias. Quais, hein? Quais? … [...] Trabalho de cegos: você solta uma palavra aqui ao juiz; ela cascata de século em século. O que ele queria dizer lá em cima? [...].'

Ao se tornar ele próprio um caranguejo, Frantz passa para o outro lado e espera de seus novos juízes a justificativa do que ele fez. Esse tribunal imparcial, por não estar envolvido, comprometido com seu tempo, provará que está certo. Frantz era torturador, mas ele espera salvar seus atos dizendo a verdade sobre suas intenções. Basta que os caranguejos ouçam seus pedidos. Mas eles, acima de tudo, não veem nada.

Enquanto parabeniza os caranguejos, Frantz revela sua preocupação: "Escolhemos a carapaça? Parabéns! Adeus à nudez! Mas por que manter os olhos? É o que tínhamos de mais feio". Agora os caranguejos veem tudo, ouvem tudo, e a consciência de cada um é, para eles, tão transparente quanto para ela mesma. O erro foi cometido. Qual o sentido de escondê-lo, de fugir da sua responsabilidade? A má-fé desse jogo acaba cedendo um dia ou outro. Quando Johanna pergunta-lhe se a sua verdade é a de que ele fala aos caranguejos, Frantz responde: "Quais caranguejos? Você é louca? Quais caranguejos? (*pausa, ele se afasta*) Ah! Sim. Bem, sim… (*repentinamente*) Os caranguejos são os homens".

Compreendemos então que a metáfora do caranguejo dramatiza na obra de Sartre não a tentação do dualismo cartesiano, mas, sobretudo, o seu horror. Se o corpo fosse apenas uma substância extensa, nós seríamos de fato comparáveis aos corpos articulados dos artrópodes, que repugnam Sartre por representarem para ele a negação da ideia de liberdade. É verdade que essa ideia é muito próxima de uma concepção de consciência desprovida de interioridade, "clara como um grande vento". Mas os esforços de Sartre para engajar essa consciência no mundo, para fazer existir nela o corpo que ela tem de ser, testemunham sua rejeição a toda tentativa de dar à consciência um privilégio comparável ao que lhe foi conferido pelos estoicos.

Sartre é "visceralmente apegado" a essa ideia de liberdade. Os desprezíveis, os homens de má-fé, todos aqueles que estão presos na contingência, são repugnantes para ele. Da mesma forma que essa repugnância em relação ao corpo permite a Suzanne Liar, por exemplo, diagnosticar em Sartre uma obsessão pela encarnação, como observa Michel Contat que acrescenta: "Sem que aquilo seja excluído, é preciso ver que o objetivo principal de Sartre é mostrar uma sexualidade alienada, sem indicar diretamente perspectivas positivas" (Sartre, 1981b, p. 1.845). Ainda que, ao longo de sua obra, o problema surja permanentemente.

A função de tal metáfora, da qual podemos observar o insistente retorno, consiste em marcar a ambiguidade de uma posição teórica, fixando-a em uma imagem. Pois, se houver um deslizamento, e não uma substituição pura e simples (o caranguejo *no lugar* da contingência), sua função residirá na própria dinâmica e na forma sintética que ela acaba produzindo. Assim, em certos pontos cruciais e dentro do próprio trabalho de escrita, a cristalização opera e Sartre projeta, ao mesmo tempo, sua paixão pela transparência e sua vontade de controle e de engajamento. O caranguejo aparece como uma formação de compromisso capaz de satisfazer metaforicamente duas exigências contraditórias: por um lado, não estar em lugar nenhum, sempre distante, capaz de sempre questionar seu posicionamento, e, por outro, ser testemunha do seu tempo e ator de uma história que se faz ao mesmo tempo em que a fazemos.

Referências

BEAUVOIR, Simone de. *La cérémonie des adieux*. Paris: Gallimard, 1983.

_____. *A cerimônia do adeus, seguido de Entrevistas com Jean-Paul Sartre*. Rio de Janeiro: Nova Fronteira, 1982.

_____. *La force de l'âge*. Paris: Gallimard, 1960.

BLUMENBERG, Hans. *Paradigmes pour une métaphorologie*. Paris: Vrin, 2006.

DERRIDA, Jacques. "La mythologie blanche". *Marges de la philosophie*. Paris: Minuit, 1972.

DOUGLAS, Mary. *De la Souillure*. Paris: La Découverte, 2002.

_____. *Pureza e perigo, ensaio sobre as noções de poluição e tabu*. Lisboa: Edições 70, 1991.

GEORGES, François. *Sur Sartre*. Paris: Bourgeois, 1976.

ONFRAY, Michel. *Le ventre des philosophes*. Paris: Grasset, 1989.

RICŒUR, Paul. *La Métaphore vive*. Paris: Seuil, 1975.

SARTRE, Jean-Paul. *As palavras*. São Paulo: Difusão Européia do Livro, 1967.

_____. *Les mots*. Paris: Gallimard, 1964.

_____. *A Náusea*. Lisboa Mem Martins: Publicações Europa América, 1969, p. 156.

_____. *Œuvres romanesques*. Paris: Pléiade, 1981b.

_____. *La Nausée, Œuvres romanesques*. Paris: Pléiade, 1981a.

_____. *Les chemins de la liberté, I. L'age de raison*. Paris: Gallimard, 1945.

_____. *A idade da razão, Os caminhos da liberdade Volume I*. Rio de Janeiro: Nova Fronteira, 1991.

_____. *L'Être et le Néant*. Paris: Gallimard, 1942, Nouvelle éd., 1971.

_____. *Lettres au Castor*. Paris: Gallimard, 1983.

_____. *L'imagination*. Paris: PUF Quadrige, 2003.

_____. *O ser e o Nada, Ensaio de ontologia fenomenológica*. Petrópolis: Vozes, 2007.

_____. *O Imaginário, Psicologia fenomenológica da imaginação*. São Paulo: Editora Ática, 1996.

Deriva

Eduardo Oliveira

Poética da relação

O *Memórias de Baobá* constitui-se como um nódulo seminal na rede de ancestralidade que em torno dele forma-se. Sentados aos pés do Baobá, na praça púbica de Fortaleza – espaço aberto a transeuntes, ambulantes, povos da rua, estudantes, trabalhadores(as), artistas, convidados(as), acadêmicos(as), professores(as), engajados(as), desgarrados(as)... –, dá-se toda sorte de encontro e tessitura. Minhas memórias vão cosendo-se com as do Baobá, formando mais uma das múltiplas telas dessa rede. Emaranhado, assim, nessas teias, vou definindo meu caminho indefinido. Vou aprendendo, com as sutilezas e as delicadezas do Baobá, a arte de derivar com raízes. A própria raiz deriva para o fundo da terra, telúrica, vigorosa, imprevisível, lenta, fundamentando a aventura da qual nada sabemos de seu início nem de seu fim. Sem princípio e teleologia. Uma aventura de reconstrução do imaginário. Um ato contra a violência da universalização, da pretensão iluminista da transparência, da ação racionalizada, da previsão como regra, do controle como finalidade. A deriva como um modo de transitar no universo da opacidade, na poética das relações;[1] alçar-se ao caos, mergulhar no oceano das possibilidades, navegar na multiplicidade, derivar na diferença.

Vem da diáspora africana a experiência de estar à deriva, e, a partir desse deslocamento, assumir o imprevisível como condição e a desconstrução como origem. Daqui, deambulo a crítica ao colonialismo, ao racismo, ao sexismo, em suma, à ideologia da universalização. Como Glissant, preferimos a opacidade à transparência, pois, enquanto a transparência afirma o mesmo, a opacidade afirma a diferença. Ela atua na filosofia da relação como aquela que garante a possibilidade da permanência das fronteiras abertas para a multiplicidade de sentidos. A opacidade é mais que potência, é singularidade, enquanto a transparência reduz o real ao visível, destilando da vivência sua dimensão poética, e, por que não dizer, ética e estética.

A poética da relação faz o pensamento tremer pois se institui a partir do tremor do mundo. "Pensar o pensamento equivale quase sempre a retirarmo-nos para um lugar sem dimensão, onde só a ideia do pensamento se obstina" (Glissant, 2011, p. 13). O pensamento alarga-se no mundo, o que se verifica pelo imaginário dos povos que representam poéticas diversificadas. A disputa pela realidade dá-se na disputa pela cultura, na reinvenção da cultura. O poder mantém-se, ou transforma-se, não apenas nas relações sociais e institucionais, mas também na construção do imaginário.

De acordo com Glissant (2011, p. 20), "Gritamos o grito da poesia. As nossas barcas estão abertas, nelas navegamos para todos". A experiência dos africanos escravizados passa pela retirada forçada da sua terra, depois é colocada no abismo do "ventre da barca". O segundo abismo é o mar, o terceiro é a tentativa de esquecimento e de apagamento da memória

---

1. A filosofia como deriva é uma perspectiva de pensamento que está em diálogo, entre outros, com a discussão apresentada pelo romancista, filósofo e ensaísta Édouard Glissant. A deriva como uma categoria analítica busca fazer a crítica à modelagem de pensamento que é fundamentado na transparência, na unidade, no continente e nos sistemas de pensamentos. O arquipélago são as partes para o todo-o-mundo. O todo-o-mundo é o inextricável do uno, é este emaranhado de partes que configuram o uno. E o mundo, qualquer parte dele, clama a beleza.

e do imaginário. Os povos que experimentaram a violência do abismo vivem a relação. O abismo é a projeção do desconhecido. A aposta no desconhecido pode ser compreendida como a errância, e essa é o modo pelo qual os africanos que sofreram a violência do abismo recusam a ideia de raiz totalitária.

A filosofia africana como deriva parte dessa experiência errante. A deriva tem como característica sentir o tremor do outro lugar, assim como o poeta. O que constitui o poeta, segundo Glissant, é a possibilidade de sentir o choque de outro lugar, e essa imagem é que mobiliza a filosofia como deriva.

Outra faceta da poética da relação é ser conjetural e não pressupor qualquer fixidez ideológica, é uma poética aberta de desejo multilíngue, ligada a todo o possível. O poeta da relação tem como paisagem da tua palavra a paisagem do mundo, mas a sua fronteira estará sempre aberta.

A poética da relação preserva o particular, tendo em vista que a totalidade dos particulares garante o diverso. Entretanto, é um particular que se coloca sempre em relação. Ela tem a "crioulização" como característica, pois permite "a cada um estar ali e noutro lugar, enraizado e aberto, perdido na montanha e livre no mar, em acordo e em errância" (Glissant, 2011, p. 41). A crioulização difere da mestiçagem no aspecto em que a segunda é um encontro e uma síntese entre dois diferentes, já a primeira é a mestiçagem sem limites, e seus resultados são imprevisíveis. Enquanto a mestiçagem foi uma estratégia discursiva pra reunir o signo das trocas biológicas numa simbiose cultural, que, no caso brasileiro, sempre desfavoreceu as populações afro-brasileiras e que, estrategicamente, sempre favoreceu aos não negros, a crioulização é um signo de cultura que potencializa as trocas culturais – inclusive biológicas – abertas não para uma síntese ideológica de supremacia racial, mas para o convite à com-vivência de diferenças sem perder o horizonte dos pertencimentos.

A crioulização, portanto, não é uma simples mecânica de mestiçagem como síntese. Glissant defende a ideia – e aqui ressignificamos o termo – de que a mestiçagem produz o inesperado, explicado a partir de dois fenômenos. O primeiro dá-se pelo fato de os Ameríndios terem mantido secretamente uma presença que se exerce no nível do inconsciente coletivo. O segundo dá-se na experiência dos africanos, que mantêm uma presença do antigo país, mesmo deportados sem nenhum recurso, sem linguagens, nem deuses e nem ferramentas. Esses dois processos são chamados de rastro-vestígio por Glissant. Um componente que é preciso reencontrar em si e harmonizar a novos usos. O rastro-vestígio é vivido como relação.

As deportações dos povos africanos para as Américas contribuíram para radicalizar as oposições: vida e morte, ignorância e saber, música e silêncio, sofrimento e alegria. Os povos deportados encontram na dor os vestígios/rastros de suas culturas abandonadas, ao mesmo tempo em que se dispõem mais facilmente aos outros. Os povos deportados criam o inesperado. O inesperado e o tremor apresentam-se como *Leitmotiv* da filosofia como deriva, é um modo de filosofar para a sobrevivência.

O mundo treme, criouliza-se, quer dizer, multiplica-se, mistura suas florestas e seus mares e seus desertos, todos ameaçados, mudando e permutando seus costumes e suas culturas. O tremor é a própria qualidade daquilo que se opõe ao brutal unívoco, rígido pensamento do eu menos o outro. A filosofia como deriva treme com a lógica do lugar próprio, pois, ao territorializar-se, permite-se explodir em diversos horizontes.

Deriva

Oxaguiã é uma divindade primordial do panteão iorubano. Há versões que falam dele como a manifestação jovem de Oxalá, que teria, de outra face, em Oxalufã, a manifestação do Oxalá velho. Preferimos, no entanto, remontar a um itã mais antigo, no qual Oxaguiã é filho de Oxalá, e, por isso mesmo, uma divindade funfun, criadora, primordial, vinda da linhagem de Oduduwa.

Oxaguiã nasce sem cabeça – com pai, mas sem mãe. Sai da cavidade de um caramujo (ibin). É princípio criador, primordial, inconstante, impermanente, em construção. Ele mesmo, divindade criadora, permanentemente criada.

Sai vagando pelo mundo, posto que sem mãe nem cabeça. Vaga pelo mundo que é dele – seu território. Deseja uma cabeça. Quer filiação. Vínculo. Origem. Identidade. Pertencimento.

Há um isolamento nos deuses primordiais; vivem na solidão e desejam interlocução. Busca uma cabeça em vários espaços e tempos. Vagando pelos caminhos, depara-se com Ori, que lhe fornece uma cabeça feita de inhame pilado – sua comida favorita e que, aliás, dá-lhe o nome. É uma cabeça branca e que esquenta com facilidade. O Guiá adora ter uma cabeça, mas essa cabeça branca e quente gera-lhe muito conflito e confusão. A guerra passa a controlá-lo. Segue pelos caminhos, feliz por ter uma cabeça, mas insatisfeito pelos efeitos belicosos da cabeça alva. Nas derivas do caminho, encontra Iku, divindade primordial igual a ele, e dela recebe uma cabeça de lama, na verdade de ossum, fria, pesada e preta. Oxaguiã gosta de ter outra cabeça, mas não gosta de ter uma cabeça fria e pesada. É incômoda, carrancuda, está sempre de mau humor. Isso não combina com seu *ethos*, que é um deus viajante, vigoroso, nômade, aventureiro. Oxaguiã é o *irunmale* do dia. Do sol! Da alegria! Nada está bem se com ele mora a tristeza e a depressão de Iku. Ele segue sua saga e encontra Ogum com sua Agadá. Ogum percebe o desconforto do amigo outrora sem cabeça e agora com duas! Para um orixá prático e civilizador, patrono da cultura e do progresso como o Guiá, é incômodo e nada funcional viajar pelo mundo com duas cabeças opostas: preta e branca. Essa dicotomia instaura um conflito sem benefício. São verdades opostas com o terceiro excluído. Ele sofre de uma bipolaridade que não lhe traduz o odu. Ou quente, ou frio, extremamente alegre e extremamente depressivo, são pares irreconciliáveis. Um conflito que paralisa, e não a batalha que supera.

Ogum, *eborá* da guerra, compadece-se do amigo Guiá, que lhe suplica usar sua espada (agadá) para cortar dele as qualidades da morte. Ogum tenta e não consegue. Mas Ogum não é de desistir facilmente. Empreende uma força incrível na tentativa de solucionar o problema do amigo. Ele é vigoroso e tenaz! Tanto aperta, tanto corta, tanto luta que o resultado é inusitado: a cabeça de lama não é arrancada, mas fundida com a cabeça de inhame. Amalgamadas, resultam numa cabeça azul, equilibrada, onde habitam tanto a alegria como a tristeza, o frio e o quente, a sabedoria e a ignorância, o gosto pelo conflito civilizacional que resulta em cultura.

Oxaguiã segue derivando pelo mundo. Torna-se o prestigioso Rei de Ejigbo: Elejigbo. Mas seu espírito inquieto o faz deixar seu reino e lutar em outras terras, tecer outros reinos, ganhar outras guerras e seguir indefinidamente sua trajetória. Recebe, entretanto, a missão que lhe caracterizaria como divindade criadora: na tarefa de criar o mundo, conferida a Oxalá, e na distribuição de tarefas, coube a Ajalá moldar a cabeça dos seres humanos. Acontece, no entanto, que muitas cabeças não ficaram boas. Defeituosas, produziam demasiado desequilíbrio. Então, Oxaguiã aceita retificar o trabalho de Ajalá. E fica com a missão de recriar, retificar, restaurar as cabeças que não ficaram boas.

***

Abordamos a deriva a partir do itã de Oxaguiã que acabamos de narrar. O conteúdo semântico de deriva normalmente está associado à negatividade. De acordo com o *Dicionário online de português*, deriva significa: "Desvio do caminho certo de uma embarcação ou avião, causada por ventos ou correntes. À deriva. Sem rumo certo, ao sabor dos acontecimentos". Há o uso corriqueiro de deriva como estar perdido, sem direção ou controle. Como algo que precisa ser evitado, prevenido, consertado, porque um erro, perigoso, desconfortável. A deriva opõe-se, em seu uso mais corrente, ao controle, ao seguro, ao previsível. Aliás, a história da filosofia no Ocidente privilegiou as categorias racionais de controle e de medida, de cálculo e de previsão, de planejamento, de estratégia, de tática, etc. Nesse balaio semântico, derivar é não saber o que fazer, signo de insegurança e de imperfeição. Estar à deriva é o contrário da racionalidade, é o contrário dos mapas, o contrário da organização, o contrário do conhecimento, inclusive. Estar à deriva é estar em perigo! Derivar infinitamente, inclusive, pode ser interpretado como signo de condenação, de penalidade eterna! A deriva é um não-lugar. A negação de qualquer endereço, destino ou sentido.

A diáspora negra deixou à deriva o contingente populacional negro-africano e seus descendentes. Deriva geográfica, social, cultural, linguística... Africanos e seus descendentes espalhados por todo o planeta estão na condição de falar da experiência da deriva de maneira própria e apropriada. Apesar da violência sistemática que recebemos, alhures e contemporaneamente, respondemos a tal violência com uma generosidade criativa sem par na história da humanidade. É justamente dessa experiência histórica da diáspora (deriva populacional) que derivamos uma reflexão filosófica sobre a deriva, tratando de produzir o conceito a partir da experiência. Para tal empreita, convocamos o itá de Oxaguiá e o *ethos* cultural yorubano onde se localiza.

O tema da deriva é um tema correlato ao da liberdade. Quem viveu a experiência da escravidão necessita priorizar a experiência da liberdade. Ela nunca é absoluta, ninguém está livre totalmente; e ninguém está escravizado totalmente. Não existe essa esfera da absoluta escravidão, e não existe essa esfera da absoluta libertação, pois são frutos da ilusão da transparência. É sempre um estado relativo à contingência. É o que acontece – à deriva, pois tudo está sempre acontecendo. Nada está concluso. O planeta deriva no espaço. Nós derivamos no tempo. Derivar é condição do existir. "Viver é muito perigoso!", dizia Riobaldo.[2] O mundo é imperfeito, disse Greimas (2017). Estamos de acordo, mas isso não se constitui como negatividade absoluta. Pelo contrário, essa é uma narrativa da opacidade. Vejamos.

Oxaguiá nasce sem mãe nem cabeça. Um deus à deriva. Ele, um criador, ao vagar, vai produzindo sua cabeça a partir dos encontros com a alteridade. Alteridade que passa a lhe compor por laços de solidariedade. Primeiro Ori dá-lhe a cabeça branca. Depois Iku a cabeça escura. Ele segue deambulando pelo território. O criador não está completo. Há

---

2. Personagem de Guimarães Rosa em *Grande Sertão: Veredas*.

falta. Impermanência. Insatisfação. O itá reconhece o caráter incompleto da criação. O mundo não é perfeito. Deus não é perfeito. Ajalá molda a cabeça do ser humano. O ser humano é imperfeito. Ajalá não é perfeito e se equivoca quanto a algumas cabeças. Oxaguiã então vai restaurar as cabeças defeituosas. Ele sabe fazê-lo não porque seja perfeito, mas exatamente porque conhece a experiência absurda de não ter cabeça e/ou de ter uma cabeça ou muito fria ou muito quente. São suas experiências de imperfeição que o qualificam para o trabalho de restauração dos oris dos seres humanos. Ele conhece o *non-sense* (sem cabeça) e o perigo dos extremos (muito frio, muito quente), (dogmatismo absoluto, relativismo exacerbante). Tudo está incompleto. E, se é assim, viver é uma obra de arte, ou seja, uma permanente criação. A lógica da transparência nega a mudança; a lógica da opacidade favorece a criação.

Deriva, portanto, é criação. Deriva é liberdade. Não é ausência ou o contrário da racionalização. Deriva é o reconhecimento do mundo tal como se apresenta à experiência. O pensamento contemporâneo, mesmo no Ocidente, reconhece o caráter incompleto do mundo. Quem hoje em dia arrisca-se a apresentar sistemas completos e fechados sobre o mundo? Quem, em sã consciência, advoga pelas leis universais, tanto da biologia quanto da cultura? Ocorre que os itás mais antigos da tradição yorubana, em particular, e arrisco dizer, das tradições africanas e ameríndias, em geral, reconhecem o caráter impermanente e imperfeito do mundo desde suas narrativas mitológicas há milhares de anos! (sic!)

A deriva é uma experiência estética. Explicamo-nos: ao dizer estética, aqui, estamos dizendo da forma que acolhe o conteúdo, isto é, do que lhe dá contornos e sentidos. Estética precisamente como a sensibilidade da sensibilidade; sua condição enquanto ação, não como possibilidade (que já seria assunto para a epistemologia). A deriva é a forma como os seres animados (em nossa tradição negro-africana não existem seres inanimados) fluem. Deriva é fluição, para muito além de Heráclito, pois não é um devir comandado pela unidade da razão, que nela vê o sentido absoluto. Derivar é o sentido! Não há forma única e nem universalização de sentidos. Derivar é navegar no oceano da multiplicidade e da singularidade. Derivar é fundir-se, evadir-se, eclipsar-se, misturar-se... não há pureza na derivação. Não há unidade. Derivar é o movimento mister da ancestralidade. Ancestralidade é substantivo derivado. É sabedoria de linhagens, de cruzamentos, de encruzilhadas. É movimento contínuo, elíptico, sem fim ou começo. Meio em todas as partes. Trajetória sem rastros definidos; só vestígio. (Ou rastro/vestígio como imaginário). Ruídos no tempo. Marcas no espaço. Não como pegadas que levam o caçador à presa. Apenas sinais da presença por todos os lados, em todas as faces, no fogo aceso em cada ori. *Deriva é a experiência estética da liberdade!* Vertigem anunciada. Navio sem bússola. Navegação sem mapa. Viagem sem destino. O processo mais importante que o resultado. Não tem resultado. Ninguém resulta pronto, posto que deriva constante. O sentido de derivar é derivar e não chegar a um porto. Chega-se sempre a um ponto. E deste a outro, in-definidamente. Derivar é risco. É traço na folha dilatada do tempo – e do espaço. É desenho em movimento. É capoeira desmanchando um movimento noutro. A sambista deslocando o corpo ao sabor do ritmo, e não do objetivo. É o corpo fluindo obedecendo aos comandos do movimento que obedece aos comandos do ritmo e do contexto. Deriva, afinal, é experiência estética que não congela, mas dança com o movimento.

A deriva como experiência estética conduz à deriva como princípio ético. A ética é um modo de educar o corpo para vivenciar conhecimentos e práticas semelhantes aos nossos ancestrais. À ideia de pensar a ética como um código de controle das ações humanas, contrapomos a ética como um modo de ampliar as liberdades privadas e públicas como experiência de criação. A ética delimita princípios para uma criação ilimitada. Nem toda criação é ética, mas toda ética é criativa. Criar uma bomba atômica com a finalidade de matar milhões de viventes não é uma experiência ética porque não observa o princípio da manutenção e da ampliação da liberdade de outrem. A deriva interpõe a criatividade ao controle. Não é a repetição do código, mas o lançar-se a soluções inusitadas. Derivar leva à autonomia, e não ao autômato. A deriva implica em fazer escolhas (ética) num cenário constantemente movente. Ética de deriva é a arte de interpretar contextos e produzir realidade. Construir mundos! – o imperativo de uma filosofia da ancestralidade. Deriva é experiência de liberdade, razão de ser da ética, morada da felicidade. A felicidade não como princípio moral ou idealista. A felicidade como justiça. A felicidade como experiência estética, referenciada em contextos culturais, sociais, subjetivos, que, ainda que alcance o gozo, não alcança a completude. Para nós não se separa, como em Levinas (1980), Desejo com D maiúsculo, e desejo com d minúsculo, sendo o primeiro a glória absoluta, infinita, e o segundo o gozo que logo alcançado reclama novo gozo. O desejo deriva. Nem absoluto, nem relativo. Sempre flui, não como falta ou finalidade. O desejo é abertura. Tal como no itã de Oxaguiã, ele é inacabado, criativo, processual, incontrolável, inesgotável. É experiência que não cessa porque é fruição incessante. É o próprio curso do rio que só é rio porque deriva, porque se fosse água parada seria lago ou piscina. Desejo é esse rio que enquanto corre canta, en-canta quem nele deriva. A liberdade é a canção desse rio – princípio mor para todos(as) aqueles(as) que vivenciam/vivenciaram a privação da liberdade. E liberdade não se define por um conceito ou se garante por um código. Ela só é, se puder ser diferença!

Deriva como ontologia é o reconhecimento de que a diferença é o fio e a malha dessa rede. Sem princípios generalizantes ou dogmas redutores. O mundo dos seres (todos os entes são seres na tradição negro-africana) é composto de seres que se compõem como diferença e em relação. Uma poética da relação, diria Édouard Glissant (2011). Se já temos configurado um paradigma ético-estético a partir da experiência da deriva, considerando a experiência histórica dos negro-africanos e seus descendentes, temos agora uma ontologia da diferença que não conhece outra coisa senão a deriva que resulta em movimentos de multiplicidade e de singularidade, com ritmos e velocidades diferenciadas, exigindo do/a filósofo/a negro--africano/a um exercício permanente de construção de mundos por meio de uma atividade incessante de crítica, de síntese e, sobretudo, de criação. Sempre contextual e contingencial, ao sabor do regime jamais capturado por conceitos ou leis universalizantes, porque flui no mar da cultura, na linha da Kalunga, nas ondas do oceano.

Há outras imagens possíveis para tratar do devir na extensão que propomos, como a de ponte, em Raul Fornet-Betancourt (2004), ou travessia em J. Bidima (cf. 1995; 1997). Advogamos aqui, entretanto, uma radicalidade ao apropriar-nos do conceito de deriva; o que a ponte vê como obstáculo, nós vemos como caminho: o fluir do rio é nosso destino, e o mar não é nosso destino – a não ser que pensemos o mar como metáfora da multiplicidade, a diferença de vários rios conectada. Mas não queremos metáforas. Para nós, é mais icônico que metafórico; o mar é a diversidade de rios transmutada e, como tal, o oceano nunca é o mesmo e sempre se ultrapassa. Travessia é experiência de gente nômade que nos agrada, mas ainda implica a possibilidade das paradas. O sedentarismo ainda é possível na travessia. Um roteiro, com mapa, pode servir de guia. Na deriva não há mapas, destinos ou bússolas; nem teleologia; não há finalidade, verdade ou origem. Não há trajetória pré-definida. É liberdade absurda, irrestrita, não-relativa, mas relacional. Isso como ontologia! Essa é a experiência tradicional/contemporânea da cultura africana no continente ou na diáspora. Essa nossa cosmo-concepção de mundo. A ética, como exercício de liberdade, como arte do discernimento baseado na criatividade e na expansão das liberdades públicas e privadas, não advoga que tudo pode, mas sim que tudo é possível. A estética de nossa cultura confere um sentido ético para nossa experiência histórica, mas não nos salva do engano. Por isso, na capoeira angola, por exemplo, desenvolvemos uma ética do engano. O mundo é simulacro; sua regra é ilusão. Assim, a dicotomia lógica do verdadeiro-falso, a dicotomia estética do feio-bonito, a dicotomia moral do bom ou ruim, não nos contempla. Nossa ontologia reclama também outra justiça. Reclama outra história. Chegou o tempo de re-contar a história do mundo através de nossa ótica. Nossa ontologia alimenta nossa semiótica. Nós dançamos. Fluímos. Derivamos. Nossa dança é dança de paz em tempo de guerra. Trocamos os pés pelas mãos e andamos de cabeça pra baixo. Eia Kalunga!!!

Referências

BIDIMA, Jean-Godefroy. *La Philosophie Négro-Africaine*. Paris: Presses Universitaires de France, 1995.

_____. *L'Art Négro- Africain*. Paris: Presses Universitaires de France, 1997.

FORNET-BETANCOURT, Raul. *Transformación Intercultural de la Filosofía*. México: Fondo de Cultura Económico, 2004.

GLISSANT, Édouard. *Poética da Relação*. Lisboa: Sextante, 2011.

GREIMAS, A.J. *Da Imperfeição*. Lisboa: Estação das Letras e Cores, 2017.

LEVINAS, E. *Totalidade e Infinito*. Lisboa: Ed. 70, 1980.

ROSA, Guimarães. *Grande Sertão: Veredas*. São Paulo: Nova Fronteira, 2006.

3.

Benjamin Péret
e a corporeidade nas
culturas ancestrais

Reencantar o mundo:
algumas notas sobre Péret e o Brasil

Pedro Hussak

Primitivismo

Um traço importante que dá ao movimento surrealista, liderado por André Breton na França dos anos 1920, uma indisfarçável atualidade é seu profundo anticolonialismo. Dentre os vários exemplos que podem ser citados a esse respeito, destaca-se a petição *Ne visitez pas la exposition coloniale* contra a exposição em Paris em julho de 1931 que, na linha das grandes exposições universais, almejava celebrar as conquistas do império colonial francês. O texto, assinado por André Breton, Benjamin Péret, Louis Aragon, René Char, Paul Éluard, entre outros, denunciou fortemente a exploração e os massacres causados pela empresa colonial francesa. Tal posicionamento político ia de par com o interesse legítimo de muitos dos membros do grupo, muito em particular Benjamin Péret – que realizou uma espécie de etnografia poética no México e no Brasil –, por expressões culturais não europeias. Longe de uma perspectiva ligada ao exotismo, tal interesse estava, ao contrário, correlacionado ao projeto estético-político dos surrealistas de contrapor-se à sociedade burguesa europeia da época.

Costuma-se usar como marco do início do movimento surrealista o ano de 1924, quando ocorreu o lançamento do *Manifeste du surréalisme*, escrito por André Breton, e a publicação do primeiro número da revista *Révolution surréaliste*, da qual Pierre Naville e Benjamin Péret foram os primeiros editores. De maneira geral, o movimento lutava contra o fenômeno que o sociólogo Max Weber caracterizou como o desencantamento do mundo, relacionado à burocratização e à administração (como dirá Adorno mais tarde) que surgiram com o domínio da razão e da ciência na Europa com a Revolução científica do século XVII e que alcançou seu ápice no século XIX, profundamente marcado pela ideologia positivista que pregava a "cientifização" de todos os campos da cultura. Sintoma dessa ideologia é a Igreja positivista do Brasil, em cujo "Templo da Humanidade" ainda hoje acontecem cultos no bairro da Glória, no Rio de Janeiro.

Para os surrealistas, tratava-se, pois, de um projeto estético ambicioso que consistia em *reencantar poeticamente o mundo* por meio da produção criativa daquilo que Breton chamou de *maravilhoso*. Eles acreditam que poderiam restaurar a magia que fora expulsa pela razão e pela ciência através da arte. Para tanto, utilizando-se dos conhecimentos disponíveis da obra de Sigmund Freud à época, buscando encontrar processos inconscientes com o fito de animar as potências do *sonho* para o ato criativo.

É bem verdade que tal proposta deve ser analisada com um olhar crítico, pois como bem mostra Adorno, em seu texto "Retrospectiva do surrealismo", o automatismo surrealista é falho em promover uma criação "espontânea" por meio de um "acesso direto" ao inconsciente freudiano. Para Adorno ("Retrospectiva del surrealismo", 2003, p. 100), não é possível abandonar totalmente uma *mediação* no processo criativo, dando-lhe, ao contrário da pretensão inicial do movimento, um aspecto de artifício: "as criações surrealistas não são nada além do que apenas análogas ao sonho, na medida em que revogam a lógica habitual e as regras do jogo da existência empírica". No entanto, tal ponderação crítica em torno da questão do automatismo e da mediação não visa diminuir o projeto estético de recuperar a magia perdida através da arte, mas apenas apontar certos limites.

E por que a arte? Porque não era o caso mais de produzir o maravilhoso recorrendo ao lugar transcendente das religiões. Dentro de uma perspectiva materialista e antropológica, os surrealistas sustentavam que o maravilhoso deveria ser encontrado na própria vida cotidiana. Como diria Walter Benjamin (1996, p. 25), buscava-se superar a *iluminação religiosa* através de uma *iluminação profana*:

> Para não mencionar o *Passage de l'Opera* de Aragon, o casal Breton e Nadja conseguiu converter, senão em ação, pelo menos em experiência revolucionária, tudo o que sentimos em tristes viagens de trem (os trens começam a envelhecer), nas tardes desoladas nos bairros proletários das grandes cidades, no primeiro olhar através das janelas molhadas de chuva de uma nova residência.

No entanto, o famoso texto do autor alemão sobre o surrealismo negligencia um outro aspecto importante sobre como esse movimento também considerava como possibilidade de encontrar o maravilhoso na busca por expressões culturais não europeias que, no contexto dos movimentos de vanguarda da época, eram caracterizadas com o termo genérico *primitivismo*.

Naturalmente, esse termo é anacrônico nos dias atuais, pois, ao lado de uma série de termos cunhados nessa época, como "arte tribal", "arte nativa", "arte tradicional", entre outros, indicavam um preconceito europeu no sentido de considerar tais manifestações como "inferiores". Como pano de fundo, uma ideia evolutiva da cultura que colocava a cultura europeia em um estágio mais avançado que as demais. Também não significa muita coisa dizer que a "arte primitiva" significa uma "arte primeira" no sentido de que falaria de um momento de "nascimento". O esforço do atual discurso decolonial consiste justamente em desfazer o preconceito e em mostrar em que medida, no fundo, tal concepção estética era solidária de toda empresa colonial europeia.

Ora, mas a esse respeito Benjamin Péret tem uma visão muito particular. Embora efetivamente fale nas "artes primitivas e populares do Brasil", de forma alguma ele possui tal visão evolutiva da cultura. Ao contrário, o que ele buscou no Brasil, nas suas duas passagens pelo país (1929-1931 e 1954-55) e quando morou no México (1941-1947), não foi o exotismo de culturas ainda não desenvolvidas, mas algo que ele acreditava que o velho continente desencantado havia perdido: justamente o maravilhoso bretoniano. Em outras palavras, Péret buscava um contato real com um mundo no qual homens e mulheres fossem atravessados por uma dimensão poética. Para tanto, foi um pioneiro no que poderíamos caracterizar de *etnografia surrealista*.

Neste artigo, gostaria de delinear alguns aspectos da percepção que Péret (1992) tinha do Brasil, buscando articular sua concepção de *mito*, *arte popular* e *jogo*. Para tanto, apoiar-me-ei em três textos, todos eles publicados no volume 6 de sua obra completa:[1] *Anthologie des mythes, légendes et contes populaires d'Amérique*, escrito na cidade do México em 1942 e complementado em São Paulo em 1955; *Art populaire du Brésil*, de 1956, sobre arte popular do Nordeste, em particular a de Mestre Vitalino, e, por fim, *Du fond de la forêt*, também de 1956, que aborda a capoeira na Bahia.

Poesia e revolução

A leitura da *Anthologie* dá ensejo para formularmos rapidamente uma hipótese: Péret considera que o Brasil e o México seriam a realização da utopia estética do romantismo alemão da integração entre vida e poesia. Em outras palavras, aquilo que aquele movimento queria realizar enquanto um projeto estético para a Europa, isto é, produzir um mito poético, já existia nos países da América.

Sabemos bem que, no *Manifesto do surrealismo*, Breton (2011, p. 13-63) reivindica uma série de autores que seriam surrealistas *avant la lettre*:

---

1. Todas as traduções das citações de Benjamin Péret são nossas.

Rimbaud, Lautréamont, Apollinaire, entre outros. Evidentemente, o caráter revolucionário do surrealismo afasta-o, do ponto de vista político, do conservadorismo a que foi conduzido o romantismo alemão, em particular em função das escolhas de Friedrich Schlegel. No entanto, Péret (*Anthologie des mythes, légendes et contes populaires d'Amérique*, 1992, p. 29) vê uma proximidade entre as duas propostas estéticas no que se refere ao projeto de poetização do mundo: "Foi dado ao romantismo encontrar o maravilhoso e dotar a poesia de uma significação revolucionária que ela guarda ainda hoje (...). Pois o poeta (...) não pode mais ser reconhecido como tal, se ele não se opuser por um não-conformismo total ao mundo onde ele vive".

Não conformista, a poesia teria uma essência revolucionária e, portanto, seria aliada da revolução política. Essa essência decorre do fato de que ela é uma experiência de liberdade: "sem se perder em hipóteses arriscadas, é possível, entretanto, supor que o homem, liberado dos constrangimentos materiais e morais, conhecerá uma era de liberdade – falo não apenas de uma liberdade material, mas de uma liberdade de espírito – tal como nós poderíamos dificilmente imaginar" (Péret, *Anthologie des mythes, légendes et contes populaires d'Amérique*, 1992, p. 28).

Assim, a poesia não seria uma experiência subjetiva e individual, mas a liberação da imaginação coletiva, apresentando-se como uma necessidade: a de retirar o ser humano da miséria de estar ligado apenas às necessidades materiais imediatas.

Naturalmente, tal concepção está afinada com o *Manifesto para uma arte independente revolucionária*, escrito por Breton e Trotsky (1985) quatro anos antes no mesmo México onde Péret vivia na época em que escreveu seu texto. O pano de fundo do manifesto é a crítica ao caráter de "propaganda" e "oficialista" da arte que começava a despontar na União Soviética de Stalin e a defesa do lugar problemático do artista na sociedade, pois, para ele afirmar-se como tal, é preciso que sua criação seja livre. Como bem mostra Barthélémy Schwartz em *Benjamin Péret, l'astre noir du surréalisme*, o poeta francês defendia claramente que atividade política e produção poética deveriam ser atividades distintas,[2] pois a atividade poética livre opõe-se frontalmente à ideia de que a arte deva ser usada como instrumento de propaganda política.[3]

E, no entanto, a utopia estética de reencantamento do mundo é revolucionária. Não no sentido de que a arte possa ser instrumentalizada para servir à política, mas em um outro sentido, a saber, a já mencionada *integração da arte com a vida*. Péret imagina que "o homem nasce poeta" e os mitos produzidos pelas diversas culturas são prova disso. Para ele, a poesia consiste no primeiro passo da humanidade em direção ao conhecimento. Assim, ele imagina que, em uma sociedade livre da opressão, a poesia teria o ambiente para seu acontecimento pleno:

> Da mesma forma que esses mitos e lendas são o produto coletivo de sociedades em que as desigualdades de condição, ainda pouco marcadas não conseguiram ainda suscitar a opressão sensível, só se pode conceber a prática da poesia em um mundo liberado de toda opressão no qual a poesia vai tornar-se novamente tão natural quanto a visão ou o sono. (Péret, *Anthologie des mythes, légendes et contes populaires d'Amérique*, 1992, p. 28)

Nesse aspecto, é possível apontar um limite nesse projeto das vanguardas europeias em geral, e do surrealismo em particular, pois, como asseveram Jacques Rancière em *A partilha do sensível* (2004) e Peter Bürger em *Teoria da vanguarda* (2012), se a vanguarda artística seria a antecipação da arte na sociedade que, por sua vez, superaria a sociedade burguesa, então o fato de a revolução política haver fracassado significa igualmente o fracasso dessa proposta estética. De acordo com ambos autores, tal

---

2. "Dans les groupes politiques qu'il fréquentait, Péret ne se positionnait pas comme un « surréaliste » ou un « intellectuel », il était et se voulait un militant parmi d'autres. Tisser avec ses camarades militants un rapport de « poète » s'adressant à des « éléments extérieurs spécialisés » était étranger à sa démarche" ["Nos grupos políticos que ele frequentava, Péret (*in* Schwartz, 2016, p. 115) não se posicionava como um 'surrealista' ou um 'intelectual', ele foi e queria ser um militante entre outros. Estabelecer com seus camaradas de militância uma relação de 'poeta' que se dirige a 'elementos exteriores especializados' era estranho à sua maneira de se conduzir"].
3. Péret discute essas questões em *Le Déshonneur des poètes* (1995).

fracasso conduz a um segundo momento no modernismo, que pode ser caracterizado na defesa que Adorno e Greenberg fizeram da autonomia da arte em contraposição à afirmação da cultura de massa nos anos de 1940.

Sem entrar em um desenvolvimento das questões acima, o que importa é entender em que medida o interesse pela arte popular do Brasil está atrelado a uma projeção de um futuro. Em outras palavras, um artista de "vanguarda" interessa-se pela arte popular porque na medida em que um projeto revolucionário modernizante visa a um reencantamento poético do mundo, justamente por isso ele conecta-se com o universo "arcaico". Assim, podemos supor que o interesse de Péret pelas regiões menos desenvolvidas do país nos anos de 1950, o Centro-Oeste, o Norte e o Nordeste, dá-se justamente por estarem menos suscetíveis às amarras da "civilização", seriam regiões "encantadas". Na linguagem de Péret, regiões tomadas pela dimensão poética do *mito*.

As concepções que lhe guiavam de um encontro entre "arte de vanguarda" e a "arte popular" também guiaram muitos artistas brasileiros como João Guimarães Rosa, que misturava Joyce com jagunços; Helio Oiticica, que fazia uma síntese entre Mondrian e passistas da Mangueira e Glauber Rocha, que usava Brecht e Eisenstein para tratar de personagens do universo nordestino brasileiro, como vaqueiros, coronéis, beatos e cangaceiros.

A essa altura, é possível fazer uma distinção terminológica importante para entendermos as suas concepções: a "arte primitiva" concerne a objetos articulados em um contexto ritual-cultual, ao passo que "arte popular" refere-se a objetos que emanciparam-se desse contexto, passando a desempenhar uma outra função na sociedade.

Nesse sentido, pode-se apontar em que medida Péret aborda o problema do mito, uma vez que se trata de depurá-lo de seu sentido religioso, pois, para o artista materialista, a religião consiste em uma força compensatória que retira a autonomia e a capacidade de o humano decidir por si mesmo. Entretanto, dialeticamente, na medida em que a força poética do mito significa uma forte adesão à identidade cultural da esfera popular, o francês percebe nisso um potencial emancipatório, diferentemente de uma certa concepção cultural de esquerda da época que visava a "conscientizar" o sujeito religioso. Um artista como Glauber Rocha, por exemplo, sabia da importância do mito popular. Em *O Dragão da Maldade contra o Santo Guerreiro*, há encenação da luta de classes a partir de uma apropriação do mito de São Jorge: a personagem Antão, encarnando São Jorge/Oxóssi em cima de um cavalo, mata com uma lança o "dragão" representado pelo Coronel Horácio, latifundiário da região.

Péret (*Anthologie des mythes, légendes et contes populaires d'Amérique*, 1992, p. 18) não faz, como se poderia de início imaginar, uma oposição entre mito e razão, mas, ao contrário, trata-se da tentativa de conciliá-los. "Não se trata de forma alguma de fazer aqui a apologia da poesia à custa do pensamento racionalista, mas de insurgir-se contra o desprezo exibido em relação à poesia pelos defensores da lógica e da razão, descobertas elas também, a partir do inconsciente".

Acreditamos que é possível aproximar a concepção de Péret com o que, no século VI a.C., fez a filosofia pré-socrática, pois esta não se contrapõe propriamente ao mito, mas à *violência mítica* – uma instância transcendente que, sendo maior do que o humano, exerce-lhe um domínio. É nessa perspectiva que se deve entender, por exemplo, o diálogo platônico *Íon*, no qual Sócrates questiona o rapsodo que dá nome ao diálogo sobre sua capacidade de interpretar o que está dizendo. Quando ele responde que só é capaz de recitar, mas não de interpretar, Sócrates atribui a isso o fato de que ele é um *entusiasmado*, o que significa que ele apenas repete os versos que lhe são ditados pela deusa (Platão, 2011). Tanto a filosofia pré-socrática quanto o Sócrates do referido diálogo exigem não uma extinção do mito, mas uma mudança de perspectiva: não é o mito que deve dominar o humano, mas ao contrário, o humano é que deve dominar o mito. Se Platão utiliza fartamente de narrativas míticas em seus diálogos, isso ocorre porque ele retira delas a "violência" e as toma em sua dimensão poética.

Desta feita, para que surja o que até hoje chamamos de *política*, foi preciso abandonar a compreensão de que há um *destino* (no mundo mítico, os humanos são um joguete nas mãos dos deuses) que determina a vida de um indivíduo ou de uma comunidade, e valer-se da ideia de que os próprios seres humanos são capazes de decidir seu destino. Para tanto, na medida em que o futuro é um horizonte aberto de possibilidades, é preciso que atue a imaginação a fim de conceber a ideia de que o amanhã pode ser melhor do que o hoje.

É nesse sentido que é preciso diferenciar o caráter emancipatório do caráter deletério do mito. Não escapou a Péret o fato de que mesmo um mito "ateu" pode ser veículo da violência mítica quando ele é a expressão de uma liderança política autoritária. Diz o poeta na *Anthologie*:

> [...] assistimos também desde agora a tentativas de criação de mitos ateus privados de qualquer poesia e destinados a alimentar e canalizar um fanatismo religioso latente nas massas que, tendo perdido o contato com a divindade, conservam entretanto uma necessidade de consolação religiosa. O líder sobre-humano quase divinizado de sua vida, teria sido, trinta ou quarenta anos mais cedo, se tivesse sucumbido ao pleno sucesso, elevado a um Olimpo qualquer. Hitler não se diz 'enviado da providência', um tipo de messias germânico, e Stalin não faz chamar de 'o sol dos povos' – mais até do que o Inca que se reconhecia como filho do sol? (Péret, *Anthologie des mythes, légendes et contes populaires d'Amérique*, 1992, p. 27)

Mas se tal perversão do sentido religioso do mito tem efetivamente um efeito autoritário no campo da política, a sua dimensão poética, para Péret, pode ser um elemento de resistência política no sentido da já supramencionada necessidade da poesia como elemento revolucionário. Essa ideia marcou profundamente um certo imaginário de artistas e de formuladores culturais da esquerda no Brasil nos anos de 1950 e de 1960 no sentido de aproximar a "cultura de vanguarda" e a "cultura popular", no sentido de uma valorização da cultura popular como material para a produção da obra de arte.

A promessa do jogo

Se fomos bem sucedidos em nosso intento, acreditamos ter mostrado que toda questão do mito poético em Péret está ancorada em um dos grandes temas da estética que pode ser descrito pelo projeto romântico de uma "poetização do mundo". Tal projeto, por sua vez, remonta à proposta de uma *educação estética* formulada por Friedrich Schiller. No entanto, gostaríamos de sugerir também que um outro grande tema da estética também guia as reflexões de Péret quando ele se refere ao Brasil: o jogo. Sabemos em que medida Schiller (1995, p. 84) apontava como o *Spieltrieb*, o impulso lúdico, que consistia em uma capacidade de colocar em jogo os dois outros impulsos: o formal da razão e o impulso material dos sentidos. Tratava-se de *sensibilizar a razão e racionalizar o sentido*, implicando em um tipo de relação em que nem a natureza sensível domina a razão, nem o contrário: ambos os impulsos jogam. Assim, ele apontava o jogo como uma certa promessa, posto que para ele "O homem joga somente quando é homem no pleno sentido da palavra, e somente é homem pleno quando joga".

Péret não cita Schiller. No entanto, há várias indicações da importância da dimensão do jogo em suas considerações, particularmente no que se refere à cultura popular no Brasil. No texto *Do fundo da floresta* (Péret, *Du fond de la forêt*, 1992, p. 147-151),[4] narrando sua experiência na cidade de Salvador na Bahia com o mestre Waldemar – cujas rodas nos anos de 1950 em Salvador foram frequentadas por outros artistas e intelectuais como Simone Dreyfus, Pierre Verger, Mario Cravo e Carybé[5] –, o poeta surrealista recorda-se da sua outra experiência com a capoeira, desta vez na Praça Onze no Rio de Janeiro, provavelmente na primeira vez em que esteve no Brasil no final dos anos de 1920:

---

4. O texto foi originalmente publicado em *Le Surréalisme, même* (n. 2) em 1957, ilustrado com fotografias de capoeira tiradas pelo fotógrafo francês Marcel Gautherot.
5. A antropóloga Simone Dreyfus lança um LP com gravações do Mestre Waldemar justamente em 1955 que pode ser acessado nessa página http://velhosmestres.com/br/waldemar-1955 e também fez um documentário no mesmo ano, do qual um trecho pode ser acessado no site YouTube: https://youtu.be/VvDKPXF4WSU.

Eu já tinha assistido a demonstrações de capoeira que constituíam na época, no Rio de Janeiro, uma das atrações do carnaval no bairro popular da Praça Onze. Eu admirei a elegância natural e a leveza de movimento dos lutadores, enfim, eu acreditava conhecer a capoeira e entreguei-me ao espetáculo de Waldemar no estado de espírito daquele que vai assistir uma peça que já é conhecida ou um livro que se relê do qual se guarda uma lembrança vivaz. No entanto, eu não encontrei quase nada do que vi da outra vez. Enquanto que na Praça Onze, assistia-se a verdadeiros assaltos de luta durante os quais os jogadores jogavam-se tão brutalmente sobre o chão que o jogo degenerava frequentemente em briga que poderia ter seu término em um golpe de faca em uma rua solitária qualquer. Na Bahia, eu não encontrei nada dessa violência. Para retomar a imagem do teatro, parecia que eu assistia ao mesmo espetáculo, mas feito desta vez por artistas enquanto que, da outra vez, atores de uma má trupe de província constituída de modo desordenado tinham evoluído diante de mim. (Péret, *Du fond de la forêt*, 1992, p. 149)

Ao comparar suas duas experiências com a capoeira, ele nota uma grande diferença entre elas: no Rio de Janeiro nos anos de 1930, ele viu uma luta que poderia descambar para a violência física, ao passo que, na Bahia dos anos de 1950, ele estava diante de uma espécie de espetáculo de dança, do qual se poderia perceber uma radiação vinda de uma cerimônia religiosa. Em outras palavras, o redirecionamento dos impulsos violentos dá uma beleza ainda maior à desenvoltura corporal dos capoeiristas.

Péret vê-se como um privilegiado por poder participar da experiência proporcionada pelo Mestre Waldemar. Para ele, tal experiência leva os espectadores a entrarem em uma dimensão onírica totalmente de acordo com o que pretendiam as tentativas dos surrealistas de animar as potências criativas do sonho.

O espectador cai em uma distração tão completa que, o entorno desaparecendo, ele chega a um estado de devaneio no qual o mundo material desaparece rapidamente. Os dois parceiros acabam por perder toda consistência e liberam-se do universo físico do qual eles são, naquele instante, a pluma mais ondulante, tamanha a facilidade com que suas atitudes tocam a perfeição e a leveza de seus movimentos parece ser estranha à natureza. Acessamos o coração mesmo de um sonho, os 'adversários' possuindo essa agilidade que é estranha a qualquer esforço a que cada um está suscetível quando se está possuído pelo sono e que, uma vez o sol tendo se levantado, torna inconsequente, contudo, a acusação de irrealidade às imagens da noite. (Péret, *Du fond de la forêt*, 1992, p. 150)

Segundo Agamben (2015), o jogo ser uma espécie de "meio sem fim", ou seja, uma atividade que, sendo um fim em si mesmo, não constitui uma relação de dominação entre o homem e a natureza e entre os homens entre si. Olhando corpos que movem sem a pressão do trabalho diário, Péret percebe a possibilidade de um recorte no espaço público que, em plena luz do dia, reproduz as imagens do sonho noturno. Em outras palavras, o encantamento que Péret buscava estava não apenas nos objetos de arte popular que ele estudou, como também na técnica corporal, no gesto que sabe estabelecer um recorte espaço-temporal e produzir o maravilhoso tão buscado pelos surrealistas.

Indústria cultural

Dentre as várias percepções que Péret (*L'art populaire du Brésil*, 1992, p. 163) expressa sobre sua viagem pelo Norte e Nordeste do Brasil nos anos de 1950, chama atenção sua preocupação sobre os impactos da incipiente industrialização que naquele momento instalava-se no Brasil: "a arte popular parece também ter nascido tardiamente, de modo que sua existência corre o risco de ser breve. O tempo lhe é escassamente medido pela indústria cujo desenvolvimento rápido vai conduzir à sua extinção".

O surrealista fala na indústria de modo geral, mas é possível perceber uma projeção sobre o que significaria a entrada da indústria cultural e como ela iria mudar o panorama cultural que formou o seu imaginário sobre o Brasil.

Naturalmente, foge ao escopo do artigo uma reflexão mais ampla acerca dos impactos da indústria cultural no Brasil nos anos de 1960/70. Sem querer desconsiderar toda relação positiva que movimentos como a Tropicália mantiveram com ela, nem o fato de que a indústria cultural foi a responsável pela popularização de artistas da MPB nos anos de 1970, trata-se de apontar que talvez os impactos na paisagem cultural do país tenham transformado profundamente o Brasil que Benjamin Péret viu.

Um filme como *Bye Bye Brasil* (1978), de Carlos Diegues, mostrava que junto com o "progresso" prometido pela Ditadura Militar com a construção da rodovia *Transamazônica*, a chegada da televisão e o fascínio que suas imagens causavam nos telespectadores produziu a decadência dos artistas populares que são as personagens do filme. Nos anos de 1970, a televisão tomou conta de praticamente todo o território nacional, perfazendo algo que muitos teóricos da comunicação da época denunciavam: uma homogeneização do espectro cultural, inclusive na questão regional, dado que a principal emissora da época situava-se no Rio de Janeiro.

Escrito em plena época do "milagre econômico", mas publicado em alemão apenas em 1994 e em português em 1998, o livro *Fenomenologia do brasileiro*, de Vilém Flusser (1998), lança uma tese que talvez nos ajude a pensar sobre o panorama cultural do país. A concepção teológica de Lutero de que todo cristão deveria ler a Bíblia, juntamente com a invenção da imprensa, teve como corolário a alfabetização da população europeia. A "revolução do livro", ou seja, a democratização do acesso à letra, teve seu ápice na Europa com a universalização da escola pública no século XIX. Em que pesem os esforços de figuras como Anísio Teixeira nos anos de 1930, o Brasil não contou com uma escola pública universal, de modo que o mundo letrado no país afirmou-se apenas em algumas ilhas. A penetração da televisão no país nos anos de 1970 encontrou índices muito grandes de analfabetismo, o que fez Flusser imaginar que o Brasil passa pela outra revolução – a revolução da imagem técnica – sem haver passado pela revolução do livro.

O tipo de transformação nos modos de percepção do que se possa entender a cultura popular, desde a entrada da indústria cultural em um país com baixa escolaridade em meados dos anos de 1950, é certamente uma grande provocação para o pensamento. Por ora, contudo, terminamos nosso texto com a impressão de que talvez o Brasil que Benjamin imaginou tenha rapidamente se modificado com a rápida modernização pela qual o país passou a partir dos anos de 1950.

Referências

ADORNO, Theodor. "Retrospectiva del surrealismo". In: *Notas sobre literatura*. Trad. Alfredo Muñoz. Madrid: Akal, 2003.

AGAMBEN, Giorgio. *Meios sem fim*: notas sobre a política. São Paulo: Autêntica, 2015.

BENJAMIN, Walter, "Surrealismo: o último instantâneo da inteligência europeia". In: _____. *Magia e técnica, arte e política*. Trad. Sergio Rouanet. 10 ed. São Paulo: Brasiliense, 1996.

BRETON, André; TROTSKY, Léon. *Manifesto para uma arte revolucionária independente*. Trad. Carmen Guedes e Rosa Boaventura. Rio de Janeiro: Paz e Terra, 1985.

BRETON, André. "Manifesto de surrealismo". In: _____. *Manifestos do surrealismo*. Trad. Sérgio Pachá. Rio de Janeiro: NAU, 2011.

BÜRGER, Peter. *Teoria da Vanguarda*. Trad. José Pedro Antunes. São Paulo: Cosac Naify, 2012.

FLUSSER, Vilém. *Fenomenologia do brasileiro*. Rio de Janeiro: EdUERJ, 1998.

PÉRET, Benjamin. *Œuvres complètes* – Tome 6. Paris: José Corti, 1992.

_____. *Œuvres complètes* – Tome 7. Paris: José Corti, 1995.

PLATÃO. *Íon*. Trad. Claudio Oliveira. São Paulo: Autêntica, 2011.

RANCIÈRE, Jacques. *A Partilha do sensível*. Trad. Monica Costa Netto. São Paulo: Ed. 34, 2004.

SCHILLER, Friedrich. *A educação estética do homem*: numa série de cartas. Trad. Roberto Schwarz e Márcio Suzuki. 3ª edição. São Paulo: Iluminuras, 1995.

SCHWARTZ, Barthélémy. *Benjamin Péret, l'astre noir du surréalisme*. Paris: Libertália, 2016.

A poética de Benjamin Péret:
da revolta absoluta ao amor sublime

Martha D'Angelo

> ... *le merveilleux est partout, dissimulé aux regards du vulgaire, mais prêt à éclater comme une bombe à retardement.*
>
> (Péret, 1989, p. 15)

A rejeição à noção unívoca de "real" e a crença na onipotência do espírito para mudar o mundo são princípios básicos do movimento surrealista.[1] O esforço para afirmar esta crença envolveu uma busca incessante de articulação entre prática artística e ação política. A obstinação dos surrealistas para alcançar suas aspirações conduziu ao que Octavio Paz entendia como a sua própria definição: "O esforço desesperado da poesia para concretizar-se na história" (Schuster *in* Ponge, 1999, p. 107). O desejo dos surrealistas de criar uma nova sensibilidade coletiva e formas de atividade coletiva visava atingir a máxima de Lautréamont: *La poésie doit être faite par tous. Non par un.* (A poesia deve ser feita por todos. Não por um só).

Completamente identificado com esse espírito de rebeldia desde a sua adesão ao grupo, em 1920, Benjamin Péret manteve até sua morte, em 18

---

1. Maurice Nadeau (1985, p. 18) destacou a relação entre Hegel e os surrealistas e observou a rejeição destes à lógica racionalista e ao empirismo primitivo: "O velho Hegel e sua dialética são os fiadores desta necessária ultrapassagem, e não é por acaso que os surrealistas farão dele o pilar de sua filosofia".

de setembro de 1959, uma completa fidelidade aos seus princípios, e um vivo interesse pelo primitivo, o índio, os mitos e as religiões de matriz africana. Inspirado nessas referências principalmente, ele colocou em xeque os valores fundamentais da sociedade capitalista. Tratava-se, neste caso, de assegurar a existência da arte e da escrita como atividade pura do espírito e aventura libertadora. Daí as restrições ao sistema de arte e a rejeição aos grandes eventos institucionais, vistos como mecanismos de prostituição da arte e dos artistas.

A obra de Péret, apesar do grande reconhecimento que teve dos seus pares – Breton, Aragon, Soupault, Naville e Buñuel, entre outros – não despertou o mesmo interesse fora do grupo. A intensa militância e a crítica radical aos poetas da Resistência[2] contribuíram, talvez, para a discreta projeção de Péret na França e o seu esquecimento no Brasil. Esse esquecimento é surpreendente dado seu profundo envolvimento com a nossa cultura, por ele ter vivido em nosso país em duas épocas diferentes, 1929-1931 e 1955-1956, ter casado com uma grande artista brasileira e gerado um filho brasileiro e, sobretudo, por ter pesquisado temas como macumba, Candomblé, João Candido e a Revolta da Chibata, o quilombo de Palmares,[3] capoeira, mitos e lendas indígenas, numa época em que esses temas eram absolutamente marginais.

---

2. Péret e Breton tinham verdadeira aversão a todas as formas de engajamento político que pudessem inibir a imaginação e interferir na linguagem poética. Enfrentando abertamente esse debate, Péret publicou, em 1945, *Le déshonneur dês poètes* (A desonra dos poetas), uma resposta à coletânea *L'Honneur dês poètes* (A honra dos poetas), de Pierre Seghers, Jean Lescure e Paul Éluard, que reunia textos de escritores pertencentes à Resistência.
3. O ensaio de Péret sobre o Quilombo de Palmares foi escrito no Brasil na segunda viagem e publicado na revista *Anhembi* em abril e maio de 1956. Avaliando a contribuição deste ensaio, Mário Maestri (*in* Péret, 2002) diz que ele esboça uma compreensão penetrante e original dos fenômenos históricos da época, especialmente porque reconhecia que a contradição essencial da formação social brasileira, até 1888, era a oposição inconciliável entre trabalhadores escravizados e seus senhores. Tal análise e, sobretudo, sua pouca repercussão não poderiam, no entanto, ser compreendidas fora do debate e da correlação de forças entre as diversas tendências que se reivindicavam do marxismo na época.

Péret no Brasil: um corpo estranho no calor dos trópicos

A primeira temporada de Péret no Brasil teve início no ano seguinte ao seu casamento, em 1928, com a cantora lírica Elsie Houston (1902-1943). Quando conheceu o poeta, em 1927, Elsie já era uma artista reconhecida internacionalmente, apresentava-se em Paris ao lado de Arthur Rubinstein e Villa-Lobos. Ela havia estudado canto na Alemanha com Lilli Lehmann, era amiga do maestro e pesquisador Luciano Gallet, que teve um papel importante na sua formação e de intelectuais e artistas do Movimento Modernista, como Mário de Andrade, Oswald de Andrade, Tarsila do Amaral, Pagu, Manoel Bandeira e Murilo Mendes. A militância política de Péret,[4] que, ao lado de Mário Pedrosa e Lívio Xavier, foi um dos fundadores da primeira organização trotskista do Brasil, resultou na sua prisão pela polícia política e na expulsão do país pelo então presidente Getúlio Vargas em 30 de dezembro de 1931, após um inquérito policial sem processo judicial e sem direito à defesa.

Durante a primeira estadia em nosso país, Péret produziu os 13 artigos da série *Candomblé e Macumba*, publicados no *Diário da Noite* entre novembro de 1930 e janeiro de 1931. Os textos, resultantes de uma pesquisa empírica, referem-se aos rituais religiosos africanos como *pura poesia*, como epifania, que se realiza pela fusão entre corpo e alma, entre dança erótica e religiosidade. Foi a realização desse trabalho que levou Péret às primeiras intuições da teoria do amor sublime, e a uma análise do mito que gerou uma nova compreensão da história humana.

Na segunda vinda ao Brasil, Péret retomou alguns projetos que não foram realizados na temporada anterior por falta de condições materiais e pela sua saída abrupta. Ele chega ao Rio de Janeiro no início de junho de 1955, a convite do filho Geyser, pretendendo ficar aqui por seis meses.

---

4. Péret começou sua militância política no Partido Comunista Francês, permanecendo nele de 1925 a 1927. Foi no Brasil, em contato com Mário Pedrosa, que ele consolidou a posição trotskista que manterá por muitos anos.

Falando de suas atividades nesse período, numa carta a Eugenio Granel[5] em 9 de setembro de 1955, Péret diz que estava voltando de uma fazenda em São Paulo, onde havia passado 15 dias, e que finalmente tinha conseguido concluir a Introdução de sua *Anthologie des mythes, légendes et contes populaires d'Amérique*, iniciada em 1942 no México.[6]

Alguns comentários sobre as pessoas, a vida e as cidades, na correspondência com Granel, manifestam um estranhamento diante das mudanças ocorridas, comparadas ao que eram em 1929-1931. Péret observa que tanto o Rio de Janeiro como São Paulo estavam irreconhecíveis e "terrivelmente americanizadas". E numa carta a Grandizo Munis, enviada de São Paulo em 27 de junho de 1955, ele comenta: "Enquanto a população de vinte e cinco anos atrás não estava jamais inteiramente vestida e usava trapos, ela tem agora uma vestimenta decente. Eu não vi, nem aqui nem no Rio, pessoas sem sapatos, enquanto em outros tempos, não havia quase ninguém calçado" (Péret, 1995, p. 418 *apud* Palmeira, 2000, p. 71).

Sobre o Rio de Janeiro, numa carta a Geo Dupin em 11 de junho de 1955, o poeta diz: "os arranha-céus se expandiram como cogumelos venenosos. Só há uma coisa que permaneceu mais ou menos intacta: o jardim botânico, ainda que os esquilos pretos tenham desaparecido" (Palmeira, 2000, p. 70).

Descrevendo para Jean-Louis Bédouin, em 15 de março de 1956, sobre o seu primeiro contato com os índios, Péret fala de coisas que o impressionaram:

> Eu vi ao longo dessa viagem 3 grupos indígenas, entre os quais uma tribo ainda em grande parte rebelde à 'civilização'. O primeiro contato é dos mais

---

5. As 16 cartas de Benjamin Péret a Eugenio Granel que foram preservadas e estão disponíveis em arquivos datam de 1942 a 1957. Elas foram escritas em espanhol, com exceção de uma, de 24/01/1953, em francês. Nas obras completas as cartas foram publicadas em francês. Nesta citação e nas seguintes o texto usado é o original.

6. A primeira parte dessa Antologia foi editada pela primeira vez com o título *La Parole est à Péret*, por iniciativa de Breton quando ele estava morando em Nova York, exilado da guerra. Nesse texto Péret indica os elementos poéticos e os princípios éticos que aproximam o surrealismo do pensamento primitivo.

estranhos: tem-se a sensação de repentinamente ter caído no lar de seres de um outro planeta, no geral, de uma felicidade bastante infantil. Você terá uma ideia do que foi quando souber que em um instante eles esvaziaram a minha mala, apertaram o tubo de pasta de dente, esvaziaram o frasco de éter acético que eu havia trazido para conservar os insetos e um outro frasco contendo óleo para me preservar das picadas de mosquito. Eu cheguei a tempo de impedi-los de abrir os rolos de filme fotográfico, mas a caça às borboletas danou-se. (Palmeira, 2000, p. 76)

Na última carta a Granell, escrita na França em 13 de agosto de 1956, Péret faz uma avaliação positiva de sua segunda viagem ao Brasil, manifestando entusiasmo por ter conhecido o Norte do país, chegando até a Amazônia, e ter vivido um mês com índios "totalmente selvagens" no Mato Grosso. O mais difícil na América, para ele, era suportar a solidão depois de algum tempo. No México, como no Brasil, ele se sentia "*como un cuerpo extraño dentro de un ser viviente que procura eliminarlo*" (Lopo, 2010, p. 70).

O fascínio pelo primitivo em Benjamin Péret era algo bem mais profundo do que uma atração pelo exótico. Jean Puyade (2005) admite que, a partir da primeira vinda ao Brasil (1929-1931), torna-se constante na obra do poeta uma analogia com o mundo primitivo, o mundo "antes do pecado original", época em que se enraízam os mitos. É o critério poético que orienta a escolha dos textos que compõem a sua *Anthologie des mythes, légendes et contes populaires d'Amérique*, em cuja Introdução (Péret, 1989, p. 2) ele chama a atenção para a riqueza e a variedade das interpretações cósmicas dos povos primitivos e o frescor de sua imaginação. As explicações dadas por eles para a origem do mundo e sua própria origem são produtos da mais pura imaginação. A estrutura dos poemas de Péret, analógicas ao modo de pensar primitivo, coloca em suspensão a causalidade ordinária, pois está subordinada a outra lógica, que atende às demandas do princípio do prazer. Leonor Abreu (1992) destacou bem esse aspecto erótico na poética peretiana e seu humor altamente sofisticado.

A imagem analógica nos jogos surrealistas e em Péret é construída principalmente por meio do uso da palavra *como* exercendo a função de conjunção comparativa. Nos poemas, essa palavra tem um poder subversivo extraordinário. Alguns exemplos:

L'heure de dormir est passé comme une mésange turquoise
Qui se cache dans une armoire (Péret, 1985, p. 98)

A hora de dormir passou como um passarinho turquesa
Se escondendo num armário

glacé comme le miroir où tu contemples la fuite des oiseaux
mouches de ton regard (Péret, 1985, p. 106)

gelado como o espelho onde contemplas a fuga dos colibris do teu olhar.

acide et doux
comme un volcan nouveau
dont la lave reproduirait indéfiniment ton visage (Péret, 1985, p. 114)

ácido e doce
como um novo vulcão
cuja lava reproduziria indefinidamente teu rosto

O *nonsense*, neste caso, não é um recurso estilístico, mas uma recusa do princípio de realidade. Liberadas de sua função de comunicar conteúdos, as palavras criam uma outra realidade, um outro mundo, onde tudo pode acontecer. A ausência de pontuação nessa escrita, uma liberdade que Apollinaire já se permitia, produz no leitor um efeito perturbador. O impacto é ainda maior quando o ritmo das palavras, a repetição exaustiva e combinações surpreendentes alcançam uma plenitude que – confirmando uma formulação bem conhecida de Walter Benjamin (1994, p. 22) sobre a linguagem surrealista – não deixa a mínima fresta para que nela se insira "a pequena moeda a que chamamos sentido. A imagem e a linguagem passam na frente".

A poesia como um caminho que leva a tudo

Na primeira parte da *Anthologie des mythes, légendes et contes populaires d'Amérique*, Benjamin Péret admite que o pensamento poético teria se manifestado desde a aurora da humanidade. No início sob a forma de linguagem, mais tarde sob a forma do mito. A transformação linguística geradora do mito seria produzida pela imaginação e sua permanente necessidade de renovação e de criação. Se a ciência nasceu de uma interpretação mágica do universo, pode-se acreditar que as próximas gerações conseguirão, talvez, restabelecer a harmonia entre a razão e a poesia. Péret (1989, p. 13) supõe que no futuro não será mais possível manter uma oposição entre elas, encobrindo sua origem comum. Será preciso, no entanto, acabar definitivamente com a oposição artificial, criada pelos espíritos sectários, entre o pensamento poético, outrora classificado como pré-lógico, e o pensamento lógico. Entre o pensamento racional e o irracional.

A linguagem poética expressa o maravilhoso, e o maravilhoso está em toda parte. Ele deveria ser a própria vida, se a sociedade não tivesse se tornado deliberadamente sórdida, com suas escolas, religiões, tribunais, suas guerras, suas ocupações, seus campos de concentração e sua horrível miséria, material e intelectual (Péret, 1989, p. 16).[7] A condição de marginalidade do poeta, em especial os chamados "malditos", resulta da incompatibilidade entre o que ele almeja – o maravilhoso – e a própria sociedade. Daí a afinidade entre o poeta, a criança, o feiticeiro e o louco. O denominador comum que os une é a magia. "*Elle est la chair et le sang de la poésie*" (Péret, 1989, p. 23) (Ela é a carne e o sangue da poesia).

Quando a magia resumia toda a ciência humana, a poesia ainda não se distinguia dela. Os mitos primitivos são em grande parte formados por resíduos de iluminações, de intuições, de preságios confirmados outrora de uma maneira tão brilhante que os fizeram penetrar e impregnar, até as

---

7. Péret expressa indignação por ter sido preso em 1940, em Rennes, acusado de ter cometido o crime de considerar uma tal sociedade sua inimiga, e por ter sido obrigado por duas vezes na vida a defendê-la, mesmo reconhecendo não ter nada em comum com ela.

grandes profundezas, a consciência dessas populações. A origem da poesia perde-se no insondável abismo das gerações primitivas porque o homem nasce poeta. As crianças dão testemunho disso. Seguindo por esse caminho, Péret chega ao reconhecimento de que a poesia "universal progressiva" imaginada por Friedrich Schlegel[8] poderá florescer numa sociedade na qual o maravilhoso não seja visto como algo ameaçador, como acontece hoje. A existência miserável a que as pessoas estão reduzidas atualmente deverá ser superada, e aí, então, a poesia se tornará novamente uma prática coletiva, e não obra de alguns poucos indivíduos que ainda conseguem sentir essa necessidade. A poesia como consolo e compensação para mitigar a insignificância da vida não tem autenticidade. O número cada vez mais reduzido de poetas autênticos indica uma ruptura entre eles e a massa, e também a agonia da sociedade atual.

Na sua cronologia do maravilhoso e do mítico, Péret indica que foi depois de um período extremamente pobre em manifestações poéticas que os românticos reencontraram o maravilhoso, dando à poesia, assim, um significado revolucionário, capaz de assegurar sua sobrevivência. Apesar de viver uma existência proscrita, a poesia ainda vive. O silêncio em torno da verdadeira poesia é uma maneira de desativar seu poder subversivo. A formulação "poeta, isto é, revolucionário" em Péret indica a que preço está sujeita a sobrevivência da poesia. Na sociedade capitalista o poeta autêntico está condenado a ser maldito. Para tirá-lo dessa condição é preciso que se reconheça a origem comum da poesia e da ciência.

Treze anos depois de apresentar essas teses, na primeira parte da Introdução de sua *Anthologie*, Benjamin Péret conclui, no Brasil, em agosto de 1955, sua segunda parte, aprofundando a questão do mito. Ele mostra,

---

8. Num dos fragmentos que compõem *Conversa sobre Poesia*, Schlegel (1994, p. 99) identifica a poesia romântica com a poesia universal progressiva: "A poesia romântica é uma poesia universal progressiva. Sua determinação não é apenas a de reunificar todos os gêneros separados da poesia e estabelecer um contato da poesia com a filosofia e a retórica. Ela também quer fundir às vezes, às vezes misturar, poesia e prosa, genialidade e crítica, poesia artística e poesia natural, tornar a poesia sociável e viva, fazer poéticas da vida e a sociedade, poetizar a espirituosidade, preencher e saturar as formas da arte com toda espécie de cultura maciça, animando-as com as vibrações do humor".

então, as distinções entre mito e religião nas sociedades primitivas e na Antiguidade e critica o cristianismo por ter reprimido a livre expressão do sentimento, os rituais africanos, os mitos e as lendas dos índios em toda a América por meio de um violento processo de colonização cultural.

O "feminino", o amor sublime e a história

No ensaio "Surrealismo, mito e psicanálise", Briony Fer reconhece a importância da mulher e do "feminino" no movimento surrealista enquanto metáfora central promotora da diferença. Referindo-se ao papel histórico destinado pelos surrealistas às mulheres, e à importância delas no processo de libertação humana, Fer retoma as palavras de Breton, revelando sua expectativa em relação ao futuro:

> Tempo virá em que as ideias das mulheres se afirmarão em detrimento das dos homens, cuja falência é hoje tão tumultuosamente completa. [Essa tarefa] cabe particularmente aos artistas, ainda que seja somente em protesto contra esse escandaloso estado de coisas, para assegurar a suprema vitória de tudo que vem do sistema feminino no mundo em oposição ao sistema masculino. (Breton *apud* Fer, 1998, p. 171)

O interesse pelo universo feminino tem relação com o fato de a mulher estar, segundo a perspectiva dos surrealistas, mais próxima do inconsciente, da loucura e do sonho. A mulher apresenta-se, então, como símbolo do desejo, musa do poeta e o "outro". Na obra de Péret, feminino e primitivo foram diretamente conectados no texto escrito para o catálogo da exposição de Maria Martins realizada no Museu de Arte Moderna do Rio de Janeiro em 1956. Na tradução revisada de Robert Ponge, o texto ganhou o título: "Maria Martins: eternos começos do mundo". Nele, o sentido de primitivo está relacionado aos processos naturais, orgânicos, telúricos e eróticos. O comentário de Péret (*in* Ponge, 1999, p. 323) na primeira frase vai direto ao ponto: "Nada, tanto quanto a obra de Maria, evoca as imagens da natureza; não que entre uma e outra se possa impor uma filiação direta, mas antes porque ela age sobre a matéria um pouco como a própria natureza". O poeta observa que não há uma filiação direta à natureza nos processos de criação de Maria nem uma simulação passiva; na verdade, a artista provoca a natureza, estimulando-a a novas metamorfoses. A carga erótica de suas provocações leva a transgressões e violações que abalam os alicerces da cultura. Na sua potência criadora, Maria "confunde-se com o Brasil" e é precisamente por estar neste lugar, e não em outro, que ela consegue interrogar sobre o destino da terra no que ela tem de mais físico.

Em 1924, editando o primeiro número da revista *La Révolution Surréaliste*, Péret e Pierre Naville haviam dado destaque para o papel libertador da mulher recuperando a história e a imagem de Germaine Berton,[9] militante anarquista que ficou conhecida por ter assassinado Marius Plateau, secretário de uma associação de caráter fascista. Reconhecida como símbolo maior de liberdade e de transgressão, a "musa" aparece numa página da revista, tendo ao seu redor retratos de surrealistas e intelectuais admiráveis, Freud bem próximo à direita e Breton à esquerda. No fim da página, uma citação de Baudelaire: "*La femme est l'être qui projette la plus grande ombre ou la plus grande lumière dans nos rêves*" (A mulher é o ser que projeta a maior sombra ou a mais intensa luz em nossos sonhos).

No Prefácio da *Antologia do Amor Sublime*, intitulado "O núcleo do cometa" (*Le Noyau de La Comète*), Péret (1985, p. 98) retoma e consagra a formulação de Baudelaire, atribuindo à mulher um papel fundamental na experiência que conduz ao ponto-limite da conjunção de todas as sublimações ao admitir: "Grande número de homens se mostra incapaz de amar. Tal impotência parece-me tão excepcional na mulher que temos o

---

9. Germaine Berton (1902-1942), de origem operária, passou a trabalhar em fábrica aos 12 anos, após a morte do pai. Em 1918, participa da reconstrução do sindicato metalúrgico de Tours e filia-se ao Partido Comunista Francês. Em 1920, vai para Paris, começa uma militância em grupos anarquistas e passa a defender a ação direta. Em 1923, Berton assassina, com um tiro de revólver, Marius Plateau, que era secretário de uma associação francesa de tendência fascista. Foi absolvida no julgamento, retoma suas atividades políticas por algum tempo, mas não consegue reconstruir sua vida, suicidando-se em 1942.

direito de não a considerar". Logo na primeira frase, o Prefácio questiona o materialismo histórico sem refutá-lo diretamente, negando a tese do desenvolvimento das forças produtivas como motor da história, e a ideia de que a motivação econômica é o eixo das ações humanas em todas as épocas da história. De acordo com Péret (1985, p. 15), "em todos os tempos o amor, mesmo quando considerado sob seu aspecto mais elementar, sempre foi o eixo da vida humana".

Dizendo isso, ele reconsidera a importância atribuída por Marx e pelos marxistas à *economia* e à técnica na dinâmica social da história. Talvez esse esquema explicativo constituísse, para Péret, uma extrapolação quando aplicado ao conjunto da história, pois não corresponde ao processo evolutivo de muitos povos não europeus e dos próprios europeus em épocas remotas. Péret compreendia os mitos, a arte e a poesia como pertencentes à prática histórica tanto quanto um invento científico. As crenças e as ideias também fazem a história, as significações tornam-se operantes quando encarnadas nas atividades humanas, o que seria considerado por um certo materialismo como idealismo.

Afirmando que a aspiração humana mais profunda é o amor sublime e o encontro com o maravilhoso, Péret recusa a ideia de que exista uma "pulsão econômica" comandando a história. Não submetendo toda a história a categorias que têm sentido na sociedade burguesa moderna, ele nega a suposição de Marx de que o passado seria portador de significações que se encadeiam num processo contínuo, formando uma totalidade coerente e racional. Mas essa crítica não é explicitada, possivelmente porque Péret não negava ideias fundamentais de Marx sobre o capitalismo e a luta de classes, nem considerava a história o reino do imprevisível e do acaso, como alguns surrealistas.[10] Para Péret, o problema do materialismo de Marx

---

10. A crítica de Péret ao economicismo e ao anacronismo da filosofia da história de Marx se aproxima da crítica de Castoriadis e de sua compreensão de que a história não obedece nem a uma lógica subjetiva nem a uma lógica objetiva, como a que encontramos na natureza. Castoriadis compreendia a complexidade do processo histórico em conformidade com o pensamento de Engels, resumido por ele como "o mundo das intenções inconscientes e dos fins não desejados". Um exemplo de como o subjetivo e o

seria, talvez, o fato de ele postular a racionalidade do mundo e da história, quando é exatamente esta *racionalidade progressiva* que está em questão, pois, a partir dela, podemos reconhecer, por exemplo, a superioridade da cultura espanhola sobre a dos astecas pelo extermínio destes últimos, ou a superioridade da cultura portuguesa em relação à dos índios brasileiros e à dos povos africanos. Se a instituição do Estado é, como observou Pierre Clastres, o marco divisor entre civilizados (que têm história) e primitivos (sem história), podemos considerar que a afinidade de Péret com povos primitivos se dá pelo posicionamento deles em relação ao Estado, exposto na afirmação de Clastres (2003, p. 234): "A história dos povos que têm uma história é, diz-se, a história da luta de classes. A história dos povos sem história é, dir-se-á com ao menos tanta verdade, a história da sua luta contra o Estado".

O percurso de Péret, em "O Núcleo do Cometa", para sustentar a tese do amor sublime como eixo da vida humana, começa com a retomada das reflexões de Stendhal em *De L'Amour*, segue com Baudelaire e sua dualidade carne (Jeanne Duval) e espírito (Mme. Sabatier), passa pelos postulados platônicos e o amor homossexual, analisa os dilemas do cristianismo e os jogos eróticos do amor cortês,[11] chegando ao romantismo e à sua recuperação do maravilhoso. Associado ao amor sublime, o maravilhoso perde o caráter sobrenatural que lhe sempre esteve ligado em

---

objetivo se entrelaçam, apresentado no trecho a seguir, é analógico ao que os surrealistas definem como acaso objetivo (índices ou coincidências que prefiguram um encontro fatal): "Centenas de burgueses, tocados pelo espírito de Calvino e pela ideia da ascese universal, dedicam-se a acumular. Milhares de artesãos arruinados e de camponeses famintos encontram-se disponíveis para trabalhar nas fábricas. Alguém inventa uma máquina a vapor, um outro, um novo tipo de tear. Filósofos e físicos tentam pensar o universo como uma grande máquina e descobrir suas leis. Reis continuam a submeter e a castrar a nobreza e criam instituições nacionais. Cada um dos indivíduos e dos grupos em questão persegue seus próprios fins, ninguém visa a totalidade social como tal. Entretanto, o resultado é completamente outro: é o capitalismo" (Castoriadis, 1982, p. 59).
11. O amor cortês foi considerado por Péret um fenômeno datado, uma manifestação própria ao contexto da sociedade feudal. Ele se diferencia do amor sublime por sua ambivalência na relação com as tentações carnais, o corpo e a sexualidade. No amor cortês, a sexualidade, considerada o pecado por excelência, deve ser procurada para ser combatida e vencida por meio de um ritual de sublimação.

todos os mitos. Tudo se inscreve, então, nos limites da existência humana: "Até hoje a humanidade concebeu apenas um único mito de pura exaltação, o amor sublime, o qual partindo do próprio coração do desejo, visa à sua satisfação total" (Péret, 1985, p. 31).

O amor sublime, ao operar a fusão da carne e do espírito, atinge o ponto máximo que a humanidade pode esperar alcançar na vida. Sua força mítica[12] choca-se com a religião, especialmente com o cristianismo, por divinizar o ser humano. Na verdade, "o amor sublime representa acima de tudo uma revolta do indivíduo contra a religião e a sociedade, uma apoiando a outra" (Péret, 1985, p. 32). O amor sublime resume todas as reivindicações humanas, individuais e sociais. As condições adversas que o mundo impõe a ele e ao maravilhoso teriam como objetivo conter seu potencial explosivo e revolucionário.

No itinerário de Péret, desde os tempos heroicos, do dadaísmo e do surrealismo até as elucubrações metafísicas do amor sublime, combinam-se ao esforço incansável para desconstruir o senso comum de realidade e um desprezo crescente pela cultura oficial. Essas duas orientações guiaram a vida e a obra do poeta. A radicalidade da crítica peretiana da cultura aprofundou-se com a sua recusa do aparato lógico conceitual da tradição

---

12. Péret não foi o primeiro e nem o único marxista a associar mito e revolução. Analisando a diferença entre mito e utopia, Georges Sorel (1847-1922) observou que a base coletiva e social do pensamento mítico possui uma concretude oposta ao caráter mais teórico e abstrato da utopia. Esta ganha forma por meio de um trabalho intelectual solitário; uma revolução orientada pela utopia de intelectuais está condenada ao fracasso, pois, ao contrário do mito, a utopia não gera forças sociais carregadas de heroísmo (ou de messianismo, como diria Benjamin). O interesse de Sorel em estudar o cristianismo primitivo surgiu em decorrência desta tese. Nesses estudos ele procura demonstrar que a força heróica do cristianismo decaiu à medida que o mito foi sendo substituído pela teologia e pela filosofia. A originalidade do marxismo de Sorel se deve, principalmente, aos seus estudos dos mitos. Em *Reflexões sobre a Violência* (1906), a greve geral aparece como o mais poderoso mito, como o caminho capaz de conduzir ao fim da opressão e da desigualdade entre os homens. A importância que José Carlos Mariátegui (2005, p. 56), marxista peruano próximo ao surrealismo, atribui ao mito também tem afinidades com o pensamento de Péret, especialmente sua crítica ao racionalismo moderno: "Nem a razão nem a Ciência podem satisfazer toda a necessidade de infinito que existe no homem. A própria razão se encarregou de demonstrar aos homens que ela não lhe basta e só o mito possui a preciosa virtude de preencher seu eu profundo".

racionalista moderna e a identificação com os interesses de grupos sociais marginalizados e oprimidos, notadamente negros, índios e mulheres. Abrindo-se cada vez mais para experiências que visavam recuperar valores soterrados pela civilização, Péret aproximou-se do mito. Sua teoria do amor sublime reconhece a poesia como força capaz de transformar as tensões do corpo coletivo em ação revolucionária. Essa alquimia, que pode ser entendida como "iluminação profana de inspiração materialista e antropológica",[13] atinge o espaço da ação política e o próprio sentido de política.

No pós-guerra, as críticas, sobretudo dos existencialistas, aos surrealistas atingiram especialmente Breton e Péret. Sartre considerava a concepção de amor dos surrealistas idealista, conservadora e preconceituosa em relação ao homossexualismo.[14] Em *Qu'est-ce que c'est la littérature?* ele ressalta a origem burguesa dos jovens escritores do movimento e, apoiando-se na teoria freudiana, explica o surrealismo como uma "revolta contra o pai" (Sartre, 1947, p. 215). Simone de Beauvoir (1970, p. 281), analisando a obra de Breton, observa que, ao dizer que a mulher não se distingue da poesia, ele se refere ao que a mulher é para o homem. "Breton não fala da mulher enquanto sujeito". Camus (1963, p. 116), por sua vez, admitia que o niilismo e o *fureur blessée* dos "especialistas da revolta" funcionava como uma espécie de fuga, um abrigo contra os horrores da história. Essas e outras críticas, ainda que tenham alguma ressonância na obra de Péret, não anulam sua importância. Com suas limitações e suas contradições, o poeta atravessou os períodos mais sombrios do século XX lutando contra a opressão e a barbárie, sem alimentar ilusões.

---

13. A referência ao ensaio de Benjamin alude a uma superação criadora do mito.
14. René Crevel, o único homossexual do grupo, se suicidou em 1935.

Referências

ABREU, Leonor. Amor e Humor na Poesia de Benjamin Péret. *Sitientibus*, Feira de Santana, n. 10, p. 65-78, jul./dez. 1992.

ALEXADRIAN, Sarane. *O Surrealismo*. São Paulo: Verbo/ Ed. da USP, 1976.

BEAUVOIR, Simone. *O Segundo Sexo. Fatos e Mitos*. São Paulo: Difusão Européia do Livro, 1970.

BÉHAR, Henri; CRASSOU, Michel. *Le Surréalisme*. Paris: Libraire Générale Française, 1992.

BENJAMIN, Walter. "O Surrealismo. Último instantâneo da inteligência europeia". In: BENJAMIN, W. Magia e técnica, arte e política: ensaios sobre literatura e história da cultura. 7a. edição. São Paulo: Brasiliense, 1994 (Obras escolhidas, v. 1).

BRETON, André. *Entrevistas*. Lisboa: Editora Salamandra, 1994.

CAMUS, Albert. *L'Homme revolté*. Paris: Gallimard, 1963.

CASTORIADIS, C. *A Instituição imaginária da sociedade*. Rio de Janeiro: Paz e Terra, 1982.

CLASTRES, Pierre. *A sociedade contra o Estado. Pesquisas de antropologia política*. São Paulo: Cosac Naify, 2003.

FACIOLI, Valentim. *Breton-Trotski*: Por uma arte revolucionária independente. São Paulo: Cemap/ Paz e Terra, 1984.

FER, Briony. *Realismo, Racionalismo, Surrealismo. A arte no entre-guerras*. São Paulo: Cosac & Naify, 1998.

GIUMBELLI, Emerson. *Macumba surrealista*: observações de Benjamin Péret em terreiros cariocas nos anos 1930. Estudos Históricos, Rio de Janeiro, vol. 28, n. 55, pp. 87-107, jan./jun. 2015.

LOPO, Maria. Misivas de bucaneiros. A correspondência entre Eugenio Granell e Benjamin Péret. Santiago de Compostela: *Revista Moenia*, n. 16, p. 35-82, 2010.

LÖWY, Michel. *A Estrela da Manhã. Surrealismo e marxismo*. Rio de Janeiro: Civilização Brasileira, 2002.

MAESTRI, Mário. "Benjamin Péret: um olhar heterodoxo sobre Palmares". In: PÉRET, Benjamin. *O Quilombo de Palmares*. Introdução e Notas de Mário Maestri e Robert Ponge. Porto Alegre: Ed. UFRGS, 2002.

MARIÁTEGUI, José Carlos. *Por um socialismo Indo-americano*: ensaios escolhidos. Rio de Janeiro: Editora UFRJ, 2005.

NADEAU, Maurice. *História do Surrealismo*. São Paulo: Perspectiva, 1985.

PALMEIRA, M.R.S.S. *Poeta: isto é, revolucionário* : itinerários de Benjamin Péret no Brasil (1929-1931). Dissertação de Mestrado em Teoria e História Literária, Campinas, SP: UNICAMP, 2000.

PÉRET, Benjamin. *Índios*. Anhembi, São Paulo, Ano VIII, Vol. XXX, n. 88, mar. 1958.

_____. *Amor sublime*: Ensaio e poesia (Org. Jean Puyade). São Paulo: Brasiliense, 1985.

_____. "Maria Martins: eternos começos do mundo". In: PONGE, Robert (org.). *Surrealismo e Novo Mundo*. Porto Alegre: Ed. Universidade/ UFRGS, 1999.

_____. *Anthologie des mythes, légendes et contes populaires d'Amérique*. Paris: Albin Michel, 1989.

PONGE, Robert. "Surrealismo e Viagens". In: PONGE, Robert (org.). *Surrealismo e Novo Mundo*. Porto Alegre: Ed. Universidade/UFRGS, 1999.

_____. Imagens do Brasil, nos anos 1955-1956, na visão do poeta surrealista e viajante francês Benjamin Péret. *Estudos Ibero-Americanos*, v. 38, Porto Alegre, p. S173-S185, 2012.

_____. Desse pão eu não como: Trajetória revolucionária de Benjamin Péret, militante-e-poeta permanente. *O Olho da História*, n. 13, Salvador (BA), dez. 2009.

_____. Notas sobre a recepção e presença do surrealismo no Brasil nos anos 1920-1950. *Alea*, Porto Alegre, v. 6, n. 1, p. 53-65, jan./jun. 2004.

PUYADE, Jean. Benjamin Péret: um surrealista no Brasil (1929-1931). *O Olho da História*, Salvador (BA), n. 8, 2005.

REBOUÇAS, Marilda de Vasconcelos. *Surrealismo*. São Paulo: Editora Ática, 1986.
SARTRE, Jean-Paul. *Qu'est-ce que c'est la littérature?* Paris: Gallimard, 1947.
SCHLEGEL, Friedrich. *Conversa sobre poesia e outros fragmentos*. São Paulo: Iluminuras, 1994.
SCHUSTER, Jean. "A diáspora surrealista na América durante a Segunda Guerra Mundial". In: PONGE, Robert (org.). *Surrealismo e Novo Mundo*. Porto Alegre: Ed. Universidade/UFRGS, 1999.
As obras completas de Péret foram publicadas pela Association des Amis de Benjamin Péret (AABP http://www.benjamin-peret.org/) em colaboração com a editora Éric Losfeld/Le Terrain vague (tomos 1 a 3, respectivamente: 1969, 1971, 1979), e com a editora José Corti (tomos 4 a 7, respectivamente: 1987, 1989, 1992 e 1995).

A crise do objeto por Benjamin Péret:
entre o surrealismo e a etnografia

Letícia Pumar

> *"Nós dançamos, diz um chefe de uma tribo indígena a um etnólogo,
> mas nossa dança é séria."*
> Benjamin Péret, *Arts de fête et de cérémonie* (1958)

Fruto de viagens realizadas pelo Norte, Nordeste e Centro-Oeste brasileiro, o ensaio *Arts de fête et de cérémonie* do poeta surrealista e militante francês Benjamin Péret (1899-1959) sublinha a relação entre mito, jogo e arte presente nas festas e cerimônias, quase sempre de caráter sagrado, de tribos que tinham pouco contato com a chamada civilização. A seriedade e o caráter sagrado da arte plumária produzida por algumas das tribos que visitou durante sua estadia no Brasil são destacados pelo poeta. A faculdade de fabulação, e sua expressão plástica, inscrita num contexto mítico, chama a atenção do poeta surrealista.

No mesmo período, meados da década de 1950, Péret está finalizando o livro *Anthologie des mythes, légendes et contes populaires d'Amérique*, que começara a escrever em 1942 quando vivia no México, e com o qual procurava oferecer uma imagem da obra poética dos povos americanos desde os tempos pré-colombianos até aquele momento. O trabalho de linguagem inscrito num contexto mítico é valorizado pelo poeta.

Benjamin Péret foi casado com a cantora brasileira Elsie Houston, cunhada do crítico de arte brasileiro Mário Pedrosa, com quem o poeta participou da primeira organização trotskista do Brasil. O poeta teve duas estadias de curta duração no Brasil, a primeira de 1929 a 1931, e a segunda de 1954 a 1955. Esteve atento a determinados aspectos da cultura brasileira, como as religiosidades afro-brasileiras, a arte popular, as culturas ameríndias, além de eventos históricos relevantes para se compreender a história da luta política no país, como a chamada Revolta da Chibata e o Quilombo dos Palmares, abordando esses temas de uma forma que continua potente nos dias de hoje. Na década de 1940, Péret viveu no México com sua segunda mulher, a pintora Remedios Varo, e foi lá que iniciou o projeto de escrita do livro *Anthologie des mythes, légendes et contes populaires d'Amérique*.

Durante suas viagens, Péret coletou fotos de objetos de arte indígena e popular. O material fotográfico coletado é composto por cartões postais e por fotografias de objetos etnográficos que estavam sob a guarda de museus brasileiros, como Museu Nacional do Rio de Janeiro, o Instituto Histórico do Estado de Amazonas de Manaus, o Museu do Índio do Rio de Janeiro e o Museu Goeldi de Belém, entre outros. Algumas fotografias foram feitas pelo poeta ou encomendadas por ele, outras tem autoria desconhecida. Péret tinha interesse em publicar esse material posteriormente.

A interpretação que realizo neste texto articula os ensaios escritos pelo poeta ao seu ato de colecionar e produzir imagens de objetos etnográficos (verdadeiros ensaios visuais) e tem como objetivo sublinhar de que forma a atividade poética era apresentada por ele como o ato revolucionário fundamental. Este texto só foi possível a partir da pesquisa realizada nos acervos de Benjamin Péret que se encontram na Bibliothèque Jacques Doucet (Paris), Médiathèque Jacques Demy (Nantes), e nas publicações da *Association des Amis de Benjamin Péret*.[1]

---

1. A pesquisa foi realizada no âmbito do projeto Capes-Cofecub "Estética contemporânea: diálogo entre culturas", uma cooperação entre a Universidade Federal Rural do Rio de Janeiro, a Universidade Federal de Minas Gerais e a Université Paris 1 Panthéon-Sorbonne,

Surrealismo e etnografia

Os cadernos de escola do grupo surrealista (*Cahiers d'écolier du groupe surréaliste*) de 1924, que fazem parte do acervo histórico da Médiathèque Jacques Demy em Nantes, trazem algumas surpresas, em especial o caderno produzido por Péret.[2] O poeta produz uma colagem em um caderno de escola que tinha como temática a ideia de Exploração (*l'Exploration – les hommes d'action*). O caderno tinha como capa uma ilustração na qual homens brancos com roupas de "exploradores" observam mulheres negras dançando ao ar livre. Exatamente abaixo da ilustração está a frase: *étude de danses indigènes*. Na segunda página, a etnografia, enquanto resultado científico da "exploração", é descrita em detalhes e é evidenciada a articulação entre o desenvolvimento desse campo disciplinar e o colonialismo. Nas páginas seguintes, são descritas as atividades:

> O explorador terá reportado tanto quanto for possível espécimes de artes plásticas, objetos esculpidos em madeira ou pedra, pinturas, vasos, ou pelo menos ele terá feito croquis. Os monumentos antigos, testemunhas de uma civilização desaparecida, terão sido fotografados ou pintados em aquarela. [...] Quando o viajante nos houver assim informado sobre a vida física e intelectual dos nativos, ele nos falará de seus sentimentos morais, da autoridade do pai de família, do respeito para os mais velhos, da hospitalidade, do modo pelo qual observamos a palavra jurada, da amizade, dos deveres religiosos, de tudo enfim que constitui a vida super-animal do homem. As ideias sobre a vida futura, o número de deuses e semideuses, as lendas maravilhosas, as superstições, tudo isso será descrito com o cuidado que merece um semelhante estudo, capaz de fornecer uma contribuição à história geral das religiões, história tão importante na história geral da humanidade.

que visa a estabelecer pontes no campo do pensamento estético entre a França e o Brasil. Nesse sentido, um ramo importante do projeto é a pesquisa "Benjamin Péret e o Brasil: tensionamentos entre estética, antropologia e política", que procura refletir sobre a relação entre arte, cultura e política a partir da produção poética e ensaística de Péret.
2. *Cahier autographe du grupe surrealiste: Benjamin Péret*, 1924. Pasta Ms 3487, Bibliothèque municipale de Nantes, Secteur Patrimoine, Médiathèque Jacques Demy, Nantes.

As notas tomadas durante a Missão sobre as manifestações da vida pública ou privada dos indígenas, virão aumentar o balanço da ciência etnográfica, uma das mais interessantes de todas.[3]

Nas páginas pautadas do caderno, encontra-se uma colagem de Péret. Anos após a produção desse caderno, Péret iria observar, coletar e descrever lendas, mitos, contos e objetos produzidos por outros povos, entretanto, o gesto empreendido tem outra forma e aponta para um outro direcionamento. Tendo em vista sua crítica à civilização europeia e sua prática colonialista,[4] não considero um elemento de menor importância que o poeta tenha começado sua *Anthologie des mythes, légendes et contes populaires d'Amérique* afastando-se da prática etnográfica.

Na introdução do texto da *Anthologie*, Péret (1992, p. 15) argumenta que procurava oferecer uma imagem da obra poética dos povos americanos desde os tempos pré-colombianos até aquele momento, revelando textos característicos que apareciam dispersos tanto nas crônicas de conquistadores, viajantes, missionários quanto nos trabalhos de etnógrafos e folcloristas. Segundo o poeta, "a intenção de interferir no domínio da etnografia está ausente uma vez que todo o critério poético dominou a escolha dos textos que compõem essa obra, e esse modo de seleção não pode ser nada além de arbitrário do ponto de vista de toda a ciência".

O colecionismo de Péret (1992, p. 15) não era movido pela intenção de classificação, comparação ou homogeneização, próprias aos campos científicos, mas não deixa de sustentar interpretações e produções ensaísticas. Seu interesse era mostrar "os primeiros passos do homem sobre o caminho do conhecimento", indicando que o pensamento poético estava presente desde a aurora da humanidade, "primeiro na forma da linguagem e mais tarde pelo aspecto do mito que prefigura a ciência, a filosofia, e

---

3. *Cahier autographe du grupo surrealiste: Benjamin Péret*, 1924. Folder Ms 3487, Bibliothèque municipale de Nantes, Secteur Patrimoine, Médiathèque Jacques Demy, Nantes. [Todas as traduções das citações foram feitas por mim]
4. O poeta esteve envolvido em manifestações anticolonialistas (ver artigo de Pedro Hussak nesta publicação).

constitui por sua vez o primeiro estado da poesia...". Essa origem comum entre ciência e poesia tem como ponto de partida a faculdade de fabulação, de imaginação, do ser humano, sempre estimulada por uma necessidade incessante de renovação e que se apresenta como algo natural: "o pássaro voa, o peixe nada, o homem inventa".

Partindo da máxima surrealista de que "a linguagem foi dada ao homem para que ele faça um uso surrealista", Péret (1992, p. 25) defende que cabia à geração futura restabelecer harmonia entre razão e poesia. "O homem nasce poeta, as crianças o testemunham", afirma o poeta, e a atividade revolucionária compreendia o reencontro com a poesia.

Constatava com pesar que os poetas autênticos estavam diminuindo de quantidade, pois eram poucos os que assumiam um inconformismo total ao mundo em que viviam. No entanto, o caráter revolucionário da poesia não estava associado a seu uso para a propaganda política; muito pelo contrário, não havia nada menos revolucionário do que "submeter ditatorialmente a poesia e toda a cultura ao movimento político" (Péret, 1992, p. 30). Como afirmava em seu livro *Le déshonneur des poètes*, confundir os dois campos de ação, a atividade poética e a ação social, era exatamente deixar de ser revolucionário. Apropriar-se de formas reacionárias para proteger a cultura seria tão reacionário quanto tentar acabar com ela. Segundo ele, "Se no campo reacionário procura-se fazer da poesia um equivalente laico da oração religiosa, o lado revolucionário está muito inclinado a confundir a poesia com a propaganda. O poeta atual não tem outra saída a não ser revolucionário (Péret, 1945), sob pena de deixar de ser poeta, pois ele deve se lançar incessantemente em direção ao desconhecido".

Sua inquietação remete-nos à reflexão de Theodor Adorno (1984, p. 209) sobre certas conformações formais do pensamento autoritário e, sobretudo, sobre o papel nocivo da propaganda, mesmo daquela que se quer revolucionária: "A propaganda manipula os homens; onde ela grita liberdade, ela se contradiz a si mesma. A falsidade é inseparável dela. (...) A verdadeira resistência não conhece nenhuma propaganda". Em *Educação e emancipação*, Adorno (2006, p. 61-62) discorre sobre as implicações políticas de determinadas conformações formais do pensamento, como "a disposição a se adaptar ao vigente, uma divisão com valorização distinta entre massa e lideranças, deficiência de relações diretas e espontâneas com pessoas, coisas e ideias, convencionalismo impositivo, crença a qualquer preço no que existe". O autor afirma que com as tendências à conformação formal de pensamento dotada de afinidades totalitárias teria sido rompido o nexo entre objeto de estudo e reflexão.

Num certo sentido, a formulação de Péret sobre o caráter revolucionário do trabalho poético tocava numa questão de forma, na ideia de um trabalho de linguagem como um exercício de liberdade. Ao que me parece, o colecionismo de imagens de objetos e de descrição de textos de mitos, de lendas e de contos por Péret é uma atividade poética que age no sentido de trabalhar o nexo entre objeto e reflexão. Partindo de um modo de seleção "arbitrário do ponto de vista científico", seu colecionismo apresenta-nos um outro gesto.

A crise do objeto por Péret

Os pesquisadores Jérôme Duwa e Leonor Lourenço de Abreu recentemente publicaram os ensaios de Péret e as fotografias tiradas e coletadas em sua segunda viagem ao Brasil no livro *Les arts primitifs et populaires du Brésil*. No prefácio, Jérôme Duwa chama a atenção para a relação do poeta com esses objetos fotografados e sua relação com a chamada "crise do objeto" que Breton preconizava. Segundo Duwa, "A fototeca etnográfica de Péret registra as últimas crises do objeto indígena porque foi preciso incansavelmente procurar as ocasiões de 'novas fricções' ou consentir a não ser mais surrealista, o que para Péret está propriamente fora de questão" (Péret, 2017, p. 16).

Breton, no texto "Crise de l'objet" (1936), descrevia a vontade de "objetivação" da prática surrealista que procurava desacorrentar as potências da invenção. Na procura de "tornar objeto" a atividade do sonho, os surrealistas criavam imagens que davam certa realidade à atividade onírica. Segundo Breton (2002, p. 130), esses objetos podiam até ter um aspecto estético, mas seria um erro lhes apreciar por isso. A prática surrealista defendia a invasão do mundo sensível de coisas que por hábito da necessidade serviam-se dos homens. Fazia-se necessário "rastrear a besta louca do uso" (*traquer la bête folle de l'usage*). Articulando a afirmação de G. Bachelard "encontra-se mais no real escondido do que no dado imediato" à atividade surrealista, Breton (2002, p. 130-131) falava de uma revolução total do objeto, como os *ready mades* de Duchamp, e aproximava a arte à ciência do período em sua busca por objetos "achados-interpretados".

É interessante pensar como o movimento surrealista deu corpo a isso que Breton chamou de revolução total do objeto e trabalhou no sentido de estabelecer o nexo entre objeto e reflexão. Vinte anos após a publicação de "Crise de l'objet", Breton publica o livro *L'art magique* (1957), no qual transcrevia a resposta de vários intelectuais às suas perguntas sobre a relação entre Arte e Magia. A pesquisa foi respondida por intelectuais de diversas áreas e nacionalidades, como G. Bataille, C. Lévi-Strauss e Mário Pedrosa. Interessa-nos, nesse texto, especificamente a resposta de Benjamin Péret. Segundo o poeta, "o feiticeiro e o artista moderno estão situados face a face em relação ao mundo que eles escrutinam. Não podemos os considerar como dois estados de um mesmo fenômeno. O feiticeiro procura o transformar por uma ação direta, o segundo por tabela (desvio)". As duas últimas perguntas de Breton (1957, p. 51) diziam respeito aos objetos e a reflexão sobre eles:

> Diante da presença de objetos que parecem ter como procedência a arte mágica, quais são os métodos de exame e de conhecimento aproximado? Até que ponto a emoção e o prazer estético são acrescidos do interesse intelectual e podem desvendar o universo exprimido por esse objeto? Os objetos de ordem mágica têm possibilidade de inserção na sua vida pessoal? Até que ponto você acha que eles podem carregar a sua carga original?

A observação e a descrição de objetos em seus ensaios e o colecionismo de fotografias de objetos etnográficos por Péret, na década de 1940 e de

1950, diziam respeito a essas inquietações que o poeta compartilhava com Breton. A resposta de Péret é elucidativa:

> Em presença de um objeto de proveniência de arte mágica, eu sou antes de qualquer coisa sensível à tensão que fez parte de sua elaboração e que continua a emanar dele. O conhecimento que eu posso adquirir das crenças do grupo humano de onde provém esse objeto provavelmente me aproxima ainda mais dele, mas em nenhum caso cria-se uma relação intelectual se uma ligação sensível não surge espontaneamente. [...] Certos objetos mágicos contam para mim na medida que eles conservam uma parte de sua carga inicial, que eu a reconheço, acrescidos daquela que eu lhes empresto. Se eles são desprovidos disso, eles retornam ao plano onde residem os objetos banais. (Breton, 1957, p. 93-94)

Observando a coleção de fotografias e cartões postais de Péret e, principalmente, as montagens fotográficas que ele realiza em suas fotografias, é possível observar essa preocupação em reconhecer o momento do encontro entre a carga inicial dos objetos e aquela que ele empresta-lhes num relance. Em sua *Anthologie des mythes, légendes et contes populaires d'Amérique*, o poeta oferecia uma imagem da obra poética dos povos americanos e constatava que o trabalho de linguagem de mitos e lendas foi concebido coletivamente em um mundo menos opressor. Seu gesto de observação dos objetos reconhecia esse mesmo fato e o atualizava. Estamos diante de um trabalho visual de valorização do caráter emancipatório da produção do objeto e de sua observação. Seus "ensaios visuais" ofereciam uma imagem sobre a forma de posicionar-se diante do objeto e refletir sobre ele que trazia consigo a ideia, presente em tantos textos do poeta, de que o trabalho poético é um ato revolucionário.

O poeta e seu gesto

Os ensaios escritos e o que estou chamando de "ensaios visuais", realizados pelo poeta surrealista Benjamin Péret em sua segunda viagem ao Brasil na década de 1950, reforçam a seriedade das produções da imaginação, provenientes dessa faculdade do ser humano que seria tão natural quanto revolucionária. Esses ensaios trazem-nos novos nexos entre objeto e reflexão, pautados por uma forma de estar diante do que é observado diferente da que era levada a cabo pela etnografia e pela fotografia documental. Apresentam um gesto que procura atualizar o trabalho de linguagem daquelas obras poéticas, reforçando sua potência. De certa forma, os ensaios de Péret apontam para a dimensão política e social dessas produções da imaginação e de sua transmissão na cultura, com a apropriação por museus, campos disciplinares e mercado. Apresentam não apenas o objeto, mas nossa relação com ele, tendo em vista toda a historicidade da cultura e divisão do campo político, sem deixar de dar espaço para a possibilidade de encontrar, mesmo que de relance, o caráter revolucionário dessas produções.

Referências

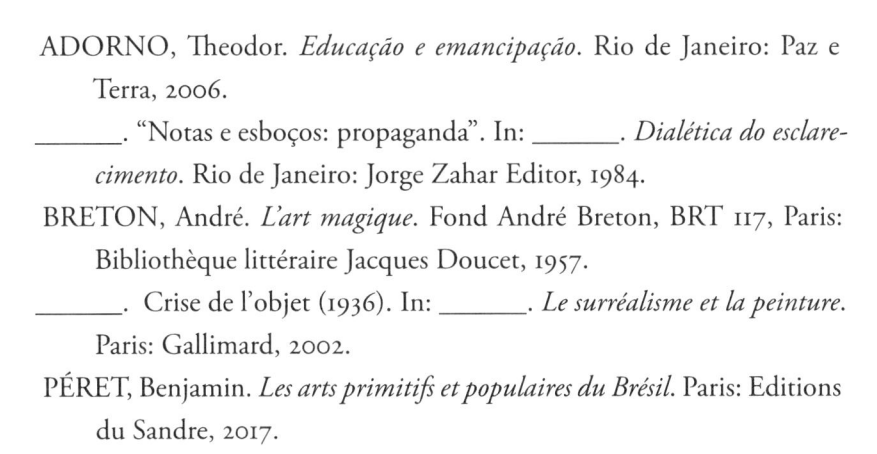

ADORNO, Theodor. *Educação e emancipação*. Rio de Janeiro: Paz e Terra, 2006.

_____. "Notas e esboços: propaganda". In: _____. *Dialética do esclarecimento*. Rio de Janeiro: Jorge Zahar Editor, 1984.

BRETON, André. *L'art magique*. Fond André Breton, BRT 117, Paris: Bibliothèque littéraire Jacques Doucet, 1957.

_____. Crise de l'objet (1936). In: _____. *Le surréalisme et la peinture*. Paris: Gallimard, 2002.

PÉRET, Benjamin. *Les arts primitifs et populaires du Brésil*. Paris: Editions du Sandre, 2017.

_____. Anthologie des mythes, légendes et contes populaires d'Amérique. In:_____. *Œuvres complètes* – Tome 6, Paris: José Corti, 1992.

_____. *Le déshonneur des poètes.* (avec préface manuscrite de l'auteur) 1a edição de 1945, México. Folder Ms 3697, Bibliothèque municipale de Nantes, Secteur Patrimoine, Médiathèque Jacques Demy, Nantes.

Sobre os autores

Cíntia Vieira da Silva possui graduação em Filosofia pela Universidade Estadual de Campinas (1996), mestrado em Filosofia pela Universidade Estadual de Campinas (2000) e doutorado pela Universidade Estadual de Campinas (2007). Desenvolveu pesquisa sobre dança em estágio pós-doutoral na USP (entre agosto de 2017 e agosto de 2018). É professora associada no Departamento de Filosofia da Universidade Federal de Ouro Preto. É presidenta da Associação Brasileira de Estética. Tem experiência na área de Filosofia, com ênfase em Filosofia Moderna e Contemporânea, atuando principalmente nos seguintes temas: filosofia da diferença; o corpo como questão filosófica; corporeidade, imagem e suas implicações estéticas, ético-políticas e epistemológicas; teoria espinosista dos afectos. Publicou artigos nas revistas *Dois pontos*, *Princípios*, *Cadernos espinosanos*, *Viso-cadernos de estética aplicada*, dentre outras. Pela Editora da Unicamp, publicou *Corpo e pensamento: alianças conceituais entre Deleuze e Espinosa* (2013).

Eduardo Oliveira é professor na Universidade Federal da Bahia. Graduado em Filosofia pela Universidade Federal do Paraná (1997) é especialista em Culturas Africanas e relações inter-étnicas da educação brasileira pela Unibem (1998), mestre em Antropologia Social pela Universidade Federal do Paraná (2001) e doutor em Educação pela Universidade Federal do Ceará (2005). Atua com temas relativos à diáspora negra, desenvolvendo assessoria junto aos movimentos sociais populares. Suas principais publicações são: *Cosmovisão Africana no Brasil: elementos para uma filosofia afrodescendente* (2003); *Ética e Movimentos Sociais Populares: práxis,* *subjetividade e libertação* (2006); *Filosofia da Ancestralidade: corpo e mito na filosofia da educação brasileira* (2007); *Ancestralidade na Encruzilhada* (2007), publicadas pela Gráfica e Editora Popular de Curitiba, e *XIRÊ: a oferenda lírica: um livro de mito-poema* (2016) pela Editora Oguns Toques Negros. É pesquisador do Grupo de Pesquisa RedPect-UFBA. Líder do Grupo de Pesquisa Rede Africanidades e do Grupo Griô: Cultura Popular e Diáspora Africana. Sócio-fundador do IPAD-Instituto de pesquisa da afrodescendência e sócio-fundador do IFIL - Instituto de Filosofia da Libertação e atualmente é coordenador da Linha de Pesquisa Conhecimento e Cultura do Doutorado Multi-institucional, Multidisciplinar em Difusão do Conhecimento.

Gilles A. Tiberghien é professor e doutor em Filosofia, trabalha na encruzilhada entre história da arte e estética na Universidade de Paris-1 Panthéon-Sorbonne. É membro do conselho editorial do *Cahiers du Musée d'Art Moderne* e é coeditor chefe com Jean-Marc Besse dos *Carnets du Paysage*. Publicou, entre outros, *Nature, art, paysage* (Actes – Sud / E.N.S.P., 2001), *Amitier*, (Le Félin – Poche, 2008), *Le principe de l'axolotl & suppléments. Essais sur les voyages.* (Actes Sud, 2011), *Land Art* (Carré, 2012), *Notes sur la Nature, la cabane et quelques autres choses* (Le Félin, 2014), *Paysages et jardins divers* (Mix, 2015), *Opérations cartographiques* (Actes-Sud, 2017), *Land art Travelling* (Editions Fage, 2018), *Récits du monde* (IMEC, Caen, 2018).

Kathia Hanza estudou Filosofia, Romanística e Filologia Clássica na Universidade de Tübingen (Alemanha). Doutora em Filosofia pela Universidade de Frankfurt. Professora do Departamento de Humanidades da Pontifícia Universidade Católica do Peru, onde também foi Diretora dos Estudos Gerais de Letras e da Faculdade de Arte. Atualmente é diretora do Sistema de Bibliotecas. Membro do Centro de Estudos Filosóficos do Instituto Riva-Agüero e do Grupo de Pesquisa em Arte e Estética da PUCP;

também da Sociedade Ibero-Americana de Nietzsche e da Sociedade de Estudos Kantianos na Língua Espanhola. Membro do Conselho Editorial de revistas especializadas. Coeditora da revista *Estudios de Filosofía*. Possui vários artigos sobre a filosofia de Nietzsche e sobre a filosofia da arte.

Letícia Pumar realiza pesquisa de pós-doutorado no Programa de Pós-Graduação em História da Universidade Federal Rural do Rio de Janeiro (UFRRJ) como pesquisadora PNPD-CAPES. Desde 2019, participa do projeto CAPES-COFECUB – Estética Contemporânea: diálogos de culturas. Possui graduação em História pela Universidade do Estado do Rio de Janeiro (UERJ), mestrado e doutorado em História das Ciências pelo Programa de Pós-Graduação em História das Ciências e da Saúde da Casa de Oswaldo Cruz / Fiocruz (com período de estágio na EHESS - Paris). Em 2018, foi selecionada para o Robert Rauschenberg Foundation Archives Research Residency 2018 e para o 47º Salão de Artes Visuais NOVÍSSIMOS 2018 - Galeria Ibeu.

Martha D'Angelo é doutora em Filosofia pela Universidade Federal do Rio de Janeiro (2000) e mestre em Filosofia pela Pontifícia Universidade Católica (PUC) do Rio de Janeiro (1994). Publicou os livros *Arte, Política e Estética em Walter Benjamin* (Loyola, 2006), *Educação estética e crítica de arte na obra de Mário Pedrosa* (NAU, 2011), *Pensadores Contemporâneos: de Nietzsche a Gadamer* (Ideias e Letras, 2011). Fez Pós-doutorado na Escola de Comunicação e Artes (ECA) da Universidade de São Paulo (USP) (2010). Foi coorganizadora das coletâneas *Walter Benjamin: arte e experiência* (EdUFF/NAU, 2009), *Interlocuções: Estética, produção e crítica de arte* (Apicuri, 2012), *Filosofia da História* (EdUFF, 2014), *Pensamento Social Brasileiro* (Ideias e Letras, 2017). Atualmente integra a linha de pesquisa Educação, estética e sociedade (FES) do Programa de Pós-graduação em Educação da Universidade Federal Fluminense (UFF).

Olivier Schefer é filósofo e escritor. Ensina Estética Alemã e Filosofia da Arte contemporânea na Universidade Paris I, Sorbonne. É especialista na obra teórica de Novalis, do qual publicou vários manuscritos filosóficos, incluindo *Le Brouillon général*. O seu trabalho se concentra na construção romântica da modernidade e nas ressonâncias contemporâneas dos problemas do primeiro romantismo (fragmentos, ruínas, caos, imaginário espectral e sonambulismo). Escreve regularmente para catálogos de artistas contemporâneos (Anish Kapoor, Claude Lévêque, Stephane Thidet, Bernar Venet) e é, também, autor de três histórias autobiográficas dedicadas à escrita do tempo *Un Seul souvenir. Voyages dans les Balkans* (2016). *Une Tache d'encre* (2017). *Conversations silencieuses* (2019). Será publicado em 2020 um ensaio sobre a noção de dialética de Robert Smithson.

Paula Fleisner é professora e doutora em Filosofia pela Universidade de Buenos Aires, pesquisadora adjunta do Conselho Nacional de Investigações Científicas e Técnicas (CONICET) da Argentina. Ministra as disciplinas "Problemas Especiais da Estética" e "Filosofia da Animalidade" no Departamento de Filosofia da Universidade de Buenos Aires, onde também ministra seminários de pós-graduação. É autora do livro *La vida que viene. Estética y filosofía política en el pensamiento de Giorgio Agamben* (EUDEBA, 2015), organizadora e autora do livro coletivo *Indisciplina. Estética, política y ontología* na revista *Documents*, Buenos Aires (Ragif Editores, 2018) e organizadora do livro coletivo *El situacionismo y sus derivas actuales. Acerca de las relaciones entre arte y política en la estética contemporánea* (Prometheus, 2015). Publicou vários artigos em revistas internacionais especializadas. Participa de grupos de pesquisa sobre estética e filosofia contemporânea. Sua pesquisa atual gira em torno de uma estética materialista pós-humana.

Pedro Hussak possui graduação em Filosofia pela Universidade Federal do Rio de Janeiro (UFRJ) (1996), mestrado em Filosofia pela Universidade Federal do Rio de Janeiro (UFRJ) (2000) e doutorado em Filosofia pela

Universidade Federal do Rio de Janeiro (UFRJ) (2005). É professor Associado III de Estética na Universidade Federal Rural do Rio de Janeiro (UFRuralRJ), onde foi o coordenador do Programa de Pós-Graduação em Filosofia de setembro de 2015 a setembro de 2017. Além disso, colabora no Programa de Pós-Graduação em Estudos Contemporâneos das Artes da Universidade Federal Fluminense (UFF). No ano de 2014, realizou um estágio de pós-doutorado com bolsa da Capes na Université Paris 1 Panthéon-Sorbonne, onde foi professor visitante em março de 2017. Publicou como organizador *Educação Estética: de Schiller a Marcuse* e foi editor convidado do Dossier Rancière na Revista Aisthe-UFRJ e do Dossier Arte Contemporânea: Anacronismo e pós-conceitualismo da *Revista Poiesis* da UFF.

Rodrigo Duarte é graduado e mestre em Filosofia pela UFMG e doutor nessa disciplina pela Universidade de Kassel (Alemanha, 1990), com pós-doc na Universidade da Califórnia em Berkeley (1997). Foi professor visitante na Universidade Bauhaus de Weimar (2000) e na Hochschule Mannheim (2011) e, desde 1990, é professor do Departamento de Filosofia da UFMG, tendo se tornado professor titular desse departamento em 2006. Foi presidente da Associação Brasileira de Estética de 2006 a 2014. Publicou, além de numerosos artigos no Brasil e no exterior, os livros: *Adornos. Nove ensaios sobre o filósofo frankfurtiano* (Ed. UFMG, 1997), *Adorno/Horkheimer & a Dialética do esclarecimento* (Jorge Zahar Editor, 2002), *Teoria crítica da indústria cultural* (Ed. UFMG, 2003), *Dizer o que não se deixa dizer. Para uma filosofia da expressão* (Ed. Argos, 2008), *Deplatzierungen. Aufsätze zur Ästhetik und kritischer Theorie* (Max Stein, 2009; segunda edição: Springer Verlag, 2017), *Pós-história de Vilém Flusser: gênese-anatomia-desdobramentos* (Ed. Annablume, 2012), e *Varia Aesthetica. Ensaios sobre arte e sociedade* (Relicário Edições, 2014).

1ª EDIÇÃO [2020]
Esta obra foi composta em Adobe Garamond Pro,
e DIN sobre papel Pólen Soft 80 g/m²
para a Relicário Edições.